T0208468

essentials

essentials liefern aktuelles Wissen in konzentrierter Form. Die Essenz dessen, worauf es als „State-of-the-Art" in der gegenwärtigen Fachdiskussion oder in der Praxis ankommt. *essentials* informieren schnell, unkompliziert und verständlich

- als Einführung in ein aktuelles Thema aus Ihrem Fachgebiet
- als Einstieg in ein für Sie noch unbekanntes Themenfeld
- als Einblick, um zum Thema mitreden zu können

Die Bücher in elektronischer und gedruckter Form bringen das Expertenwissen von Springer-Fachautoren kompakt zur Darstellung. Sie sind besonders für die Nutzung als eBook auf Tablet-PCs, eBook-Readern und Smartphones geeignet. *essentials:* Wissensbausteine aus den Wirtschafts-, Sozial- und Geisteswissenschaften, aus Technik und Naturwissenschaften sowie aus Medizin, Psychologie und Gesundheitsberufen. Von renommierten Autoren aller Springer-Verlagsmarken.

Weitere Bände in dieser Reihe http://www.springer.com/series/13088

Stefan Hunziker · Jens O. Meissner

Risikomanagement
in 10 Schritten

Stefan Hunziker
Zug, Schweiz

Jens O. Meissner
Luzern, Schweiz

ISSN 2197-6708   ISSN 2197-6716   (electronic)
essentials
ISBN 978-3-658-15839-2   ISBN 978-3-658-15840-8   (eBook)
DOI 10.1007/978-3-658-15840-8

Die Deutsche Nationalbibliothek verzeichnet diese Publikation in der Deutschen National-
bibliografie; detaillierte bibliografische Daten sind im Internet über http://dnb.d-nb.de abrufbar.

Springer Gabler

Gedruckt auf säurefreiem und chlorfrei gebleichtem Papier

Springer Gabler ist Teil von Springer Nature
Die eingetragene Gesellschaft ist Springer Fachmedien Wiesbaden GmbH
Die Anschrift der Gesellschaft ist: Abraham-Lincoln-Str. 46, 65189 Wiesbaden, Germany

Was Sie in diesem *essential* finden können

- Klärung des Schlagworts ganzheitliches, modernes Risikomanagement – was macht es aus und wo liegen die Unterschiede zum „traditionellen Risikomanagement"?
- Verständnis, wo Gemeinsamkeiten und Unterschiede von COSO ERM und ISO 31000 liegen und ob sie sich für die Umsetzung von modernem Risikomanagement eignen.
- Anleitung, welche 10 Schritte beachtet werden müssen, damit der Sprung vom traditionellen Risikomanagement zum modernen Risikomanagement gelingt.
- Lessons Learned aus der Praxis, die Ihnen helfen werden, die größten Stolpersteine bei der Einführung von Risikomanagement umgehen zu können.
- Reifegradmodell, damit Sie Ihr eigenes Risikomanagement überprüfen können.

Vorwort

> Welcome to the world of enterprise risk management (ERM), one of the most popular and misunderstood of today's important business topics. It is not very complex. It is not very expensive. It does add value. We just have to get it right. Until recently, we have been getting it wrong (Hampton, 2009, S. vii).

Das ist ein Zitat von Professor Hampton, Direktor am St. Peters' College und ehemaliger Direktor von der Risk and Insurance Management Society (RIMS). Seine Aussage ist stellvertretend für das, was auch heute noch für viele Unternehmen gilt: Enterprise Risk Management wird als teurer und wenig Nutzen stiftender „Business-Verhinderer" verstanden. Traditionell wird es nur in einigen Unternehmensbereichen (meist im Finanzbereich) ausgeprägt betrieben. Ein unternehmensweites, gleichberechtigtes Management aller Risikokategorien in einem konsistenten Framework fehlt. Eine positive Risikokultur, die aus dem RM generierte Informationen zur Unterstützung der Unternehmenssteuerung als Selbstverständnis versteht, ist oft Wunschdenken. Modernes Risikomanagement hat den Anspruch, ein strategisches Führungsinstrument zu sein, das Werte für das Unternehmen schafft. Damit der Risikomanager gerne am unternehmerischen Strategietisch begrüßt wird, braucht es ein Umdenken vom traditionellen zum modernen RM.

Die Empfehlungen in diesem *essential* basieren auf Erkenntnissen aus Wissenschaft, Forschungsprojekten, zahlreichen formellen und informellen Diskussionen mit Risikomanagern und den Praxiserfahrungen beider Autoren. Es richtet sich an alle Leser, die Aufgaben im Risikomanagement übernehmen oder als Risikomanager tätig sind. Bevor wir uns nun aber vertieft mit den 10 erfolgskritischen Aspekten auseinandersetzen, wollen wir uns ganz herzlich bedanken:

- bei allen Risikomanagern, die uns im Verlauf der letzten 10 Jahre bereitwillig Einblick in ihre Arbeit gewährten;

- bei Herrn Marcel Fallegger der Hochschule Luzern – Wirtschaft, der uns in allen administrativen Belangen wesentlich unterstützt und mit fachlichen Ratschlägen versorgt hat;
- beim Departement Wirtschaft der Hochschule Luzern, das dieses Projekt finanziell unterstützt hat;
- bei der *essential*-Projektgruppe sowie allen Kolleginnen aus dem Lektorat, der Herstellung und dem Marketing für die großartige Unterstützung und die Ermöglichung dieses *essentials;*
- bei unseren Angehörigen für die Geduld und das Verständnis für die etlichen „schreibbedingten Abwesenheiten".

Wir wünschen Ihnen beim Lesen zahlreiche „Aha-Erlebnisse" und viel Erfolg bei der Umsetzung des einen oder anderen Tipps aus diesem *essential.*

Zug, Schweiz   Stefan Hunziker
Luzern, Schweiz   Jens O. Meissner

Inhaltsverzeichnis

1 Risikomanagement – ein Begriff mit
Interpretationsspielraum..................................... 1

2 COSO ERM und ISO 31000 zur Umsetzung
von Risikomanagement?..................................... 7

3 Zehn Schritte zum modernen Risikomanagement................ 11

4 Fazit: Was macht ein erfolgreiches Risikomanagement aus?........ 59

Literatur 63

Risikomanagement – ein Begriff mit Interpretationsspielraum

In diesem *essential* wird kurz und prägnant erklärt, welchen Herausforderungen der moderne Risikomanager beim Aufbau und Betrieb eines ganzheitlichen Risikomanagements (auch als „Enterprise Risk Management [ERM]" bezeichnet) gegenübersteht. Lessons Learned und Praxistipps zu den einzelnen Risikomanagement-Aktivitäten helfen dem Leser, die größten Stolpersteine bei der Einführung zu umgehen und den Sprung vom traditionellen Risikomanagement zum modernen Ansatz dauerhaft und erfolgreich zu schaffen.

Zu Beginn dieses *essentials* wird geklärt, was unter modernem Risikomanagement (RM) zu verstehen ist und wo die wesentlichen Unterschiede zum „traditionellen RM" liegen (Kap. 1). Anschließend wird ein kurzer Vergleich der beiden wichtigsten RM-Frameworks COSO ERM und ISO 31000 vorgenommen und deren Eignung für modernes RM diskutiert (Kap. 2). Kap. 3 befasst sich mit zehn wichtigen Schritten zum erfolgreichen RM – dem Kerninhalt des *essentials*. Kap. 4 fasst das Wesentliche zusammen und schließt mit einem kurzen Ausblick.

1.1 Modernes Verständnis von Risikomanagement

Das moderne Verständnis von Risikomanagement (RM) nimmt einen ganzheitlichen, strategiebezogenen Ansatz ein und wird oft als holistisches, integriertes RM oder als Enterprise Risk Management (ERM) bezeichnet (z. B. COSO 2004, S. 16; Hoyt und Liebenberg 2011, S. 795 f.) Dies widerspiegelt sich auch zunehmend in den aktualisierten (bzw. im Jahr 2016 im Aktualisierungsprozess befindlichen) Versionen bekannter Standards und Rahmenwerken wie COSO ERM oder ISO 31000. Trotz der zahlreichen koexistierenden Empfehlungen und Normen (es gibt weltweit weit über 80 davon!) zu RM besteht über den Kerngedanken vom

© Springer Fachmedien Wiesbaden GmbH 2017
S. Hunziker und J.O. Meissner, *Risikomanagement in 10 Schritten,* essentials,
DOI 10.1007/978-3-658-15840-8_1

modernen Ansatz weitgehend Konsens. Es ist an dieser Stelle jedoch nicht das Ziel, den Leser mit der Diskussion zahlreicher ähnlicher Definitionen zu konfrontieren. Der Einfachheit halber basiert das *essential* auf folgender einfacher Definition, die sich grundsätzlich am RM-Prozess und dem übergeordneten Ziel von RM orientiert:

▶ Modernes Risikomanagement ist ein unternehmensweit abgestimmter Prozess, mit dem Unternehmen alle Schlüsselrisiken identifizieren, bewerten und aktiv steuern, um Unternehmenswerte für alle Anspruchsgruppen zu generieren.

Aus dieser Definition lassen sich nun einige Eigenschaften direkt ableiten, die das „Moderne" ausmachen und sich dadurch auch vom traditionellen RM unterscheiden.

1.2   Unternehmensweiter Prozess

RM ist ein Prozess, der regelmäßig, mindestens aber einmal pro Jahr durchlaufen wird. Damit wird sichergestellt, dass neue Risiken erkannt bzw. bestehende neu beurteilt werden. Im Unterschied zu traditionellem RM erstreckt sich die Risiko-identifikation, -beurteilung und -steuerung aber auf alle Unternehmensbereiche in gleichberechtigter Form. In der Praxis ist oft eine historisch gewachsene, teilweise bewusst nicht unternehmensweite Implementierung von RM zu beobachten. Gründe dafür gibt es zahlreiche. Bestimmte Unternehmensbereiche werden als nicht RM-relevant eingestuft, da sie aus Sicht des Gesamtunternehmens zu klein bzw. finanziell zu unwichtig erscheinen. Andere Unternehmen fokussieren stark auf das finanzielle RM, da Modelle und Methoden bekannt sowie Daten vorhanden sind, die eine (scheinbar) einfache Bewertung von Risiken zulassen. Andere Unternehmen verschieben das Projekt RM „bis auf Weiteres", da andere Projekte wichtiger sind oder gewisse Risiken in aktuell renditestarken Geschäfts-bereichen lieber nicht transparent gemacht werden wollen.

Oft wird in diesem Zusammenhang auch von der Überwindung vom „Silo-RM" gesprochen. Damit ist die relativ unabhängige, oft historisch gewachsene Steuerung von Risiken in verschiedenen Unternehmensbereichen oder Risi-kokategorien gemeint. Eine einheitliche RM-Sprache existiert nicht. Verschiedene Bewertungsansätze pro Risikobereich (z. B. Finanzrisiken, Prozessrisiken) führen dazu, dass kein Vergleich, keine Priorisierung und auch keine Verdich-tung auf Gesamtunternehmensebene möglich sind. Ein unternehmensweiter Prozess bedingt gewisse Rahmenbedingungen, die vielfach nicht gegeben sind. So sind eine einheitliche Risikokultur, festgelegte Verantwortlichkeiten und

Berichtswege, eindeutig definierte Unternehmensziele als Basis jedes RM sowie die Sensibilisierung und Schulung aller Mitarbeitenden (nicht nur der Führungsebene!) dafür zentral. Diese Themen werden weiter unten ausführlicher erläutert.

1.3 Schlüsselrisiken

Im modernen RM geht es nicht darum, alle möglichen identifizierten Risiken aktiv zu steuern. RM ist auch keine erweiterte Sarbanes-Oxley-Übung, wie es teilweise von (primär amerikanischen) Unternehmen befürchtet wurde. RM ist auch nicht die Ergänzung eines internen Kontrollsystems (IKS) oder Qualitätsmanagements. RM hat einen anderen Fokus. Viele Ansätze, die eine Integration von RM und z. B. IKS zum Ziel hatten, scheiterten in der Praxis. Der Grund ist einfach: Die Zielsetzung und somit auch die „Flughöhe" von RM ist eine ganz andere. Grundsätzlich ist ein Risiko dann ein Schlüsselrisiko, wenn es eine vom Unternehmen festgelegte Signifikanzschwelle übersteigt und den Unternehmenswert (oder eine andere finanzielle Bezugsgröße) im Fall eines Risikoeintritts außerhalb der Toleranz negativ beeinflussen könnte. Ein Risikoinventar im RM-Ansatz wird nie mehrere hundert oder gar tausend Risiken beinhalten, wie das durchaus in einem IKS eines Großunternehmens der Fall sein kann. Die Erfahrung aus der Praxis zeigt, dass (unabhängig von der Unternehmensgröße!) RM-Ansätze an der Komplexität scheitern und auch keinen Mehrwert bringen, wenn mehr als durchschnittlich 20 bis 80 Schlüsselrisiken bewertet und aktiv gesteuert werden. Oft enthalten traditionelle RM-Systeme Risikoinventare mit so vielen Einzelrisiken, die nicht mehr sinnvoll in einem RM-Modell abgebildet werden können und der Aufwand zur detaillierten Bewertung den Nutzen bei Weitem übersteigt. Der Versuch, das IKS als Teil des RM zu integrieren, scheitert oft an der Menge operativer (Prozess-)Risiken, die aus Sicht des Gesamtunternehmens eben keine Schlüsselrisiken darstellen und somit auch nicht ins RM-Modell einfließen.

1.4 Identifikation, Bewertung und Steuerung

Im Vergleich zum traditionellen RM ergeben sich auch beim eigentlichen RM-Kernprozess einige wichtige Unterschiede. RM umfasst die Steuerung aller Risikokategorien, die durch die Entwicklung und Verfolgung von Unternehmenszielen, dem Führungsprozess und den Geschäftsprozessen resultieren können. In diesem Zusammenhang spielen auch die Identifikation, Bewertung und Steuerung von Abhängigkeiten zwischen einzelnen Risiken sowie die Steuerung der Gesamtrisikoposition, die sich durch die Risikoaggregation ergibt, eine wichtige Rolle (Romeike 2003, S. 150; Gleißner 2004, S. 350 f.). Abhängigkeiten zwischen Risiken Die Steuerung des aggregierten Gesamtrisikos sollte möglichst am Risikoappetit ausgerichtet sein. Der Risikoappetit wird von der Unternehmensleitung festgelegt und beschreibt das unternehmerische Gesamtrisiko, das bewusst eingegangen wird, um die Unternehmensziele zu erreichen. Die im traditionellen RM vorherrschende Steuerung unabhängiger Einzelrisiken lässt keine Aussagen über das Gesamtrisiko zu und führt so oft zu ineffizienten Entscheiden über RM-Maßnahmen. Neben finanziellen, meist versicherbaren Risiken werden im modernen RM-Ansatz auch operative Risiken, Risiken der finanziellen Berichterstattung, Compliance-Risiken und strategische Risiken gleichberechtigt identifiziert und gesteuert. Dazu muss das RM strategisch ausgerichtet sein und als umfassendes Managementkonzept verstanden werden (z. B. Hoitsch und Winter 2004, S. 237; Strohmeier 2006, S. 45).

Die Risikosteuerung im RM ist ein immanenter Bestandteil der Unternehmensführung; der explizite Bezug zu den strategischen Zielen und dem strategischen Management ist zentral. Insbesondere bei der Beurteilung strategischer Optionen wird der Risikobegriff breiter interpretiert. Er umfasst auch Chancenpotenziale, die es bei der Strategiebeurteilung zu berücksichtigen gilt. Das übergeordnete Ziel von RM ist nicht die möglichst vollständige Beseitigung der Unternehmensrisiken, sondern vielmehr die Herbeiführung eines ausgewogenen Risiko- und Chancenprofils, das mit dem Risikoappetit der Unternehmensleitung übereinstimmt (z. B. Braun 1984, S. 45; COSO 2004, S. 6; Diederichs 2012, S. 12 f.).

1.5   Unternehmenswerte generieren

Ein absolut zentrales Element, das den modernen RM-Ansatz wesentlich ausmacht und zugleich auch ein großes Delta zum traditionellen RM darstellt, ist die grundsätzliche Berechtigungsfrage von RM. In der Praxis wird RM oft als Instrument zur langfristigen Existenzsicherung und zur Einhaltung von Regulatorien verstanden. Obwohl RM zwar oft als strategischer Wettbewerbsvorteil gesehen wird, wird es in der Praxis noch zu wenig auch als Nutzen stiftendes Chancenmanagement zur Steigerung des Unternehmenswerts verstanden (z. B. Hunziker und Arnautovic 2011, S. 30). Damit der Risikomanager wieder gerne am Strategietisch mitdiskutieren darf, muss RM ökonomisch gerechtfertigt sein, d. h., der finanzielle Nutzen muss den finanziellen Aufwand langfristig übersteigen.

RM ist ein Enabler für Strategien und Projekte, denn es stellt die mit dem eingegangenen Risiko verbundene Chance direkt messbar gegenüber. RM kann aufzeigen, dass Unternehmen – gemessen am Risikokapital – zu wenige Risiken eingehen und somit Chancenpotenziale vergeben. RM führt somit zu besseren Entscheidungen, da sie rationaler beurteilt werden können. Im direkten Zusammenhang mit der wertorientierten Unternehmensführung stehen die Reduzierung von Fremdkapitalkosten durch bessere Ratings und die Erhöhung der Kapitaleffizienz, wenn Unternehmen ihr Gesamtrisiko kennen (z. B. Lam 2001; Beasley et al. 2008). Kapitalmarktorientierte Unternehmen werden besser bewertet, wenn sie durch ein angemessenes RM die Cashflow-Volatilität reduzieren können.

COSO ERM und ISO 31000 zur Umsetzung von Risikomanagement?

2

Eine Frage, die sich Fach- und Führungskräfte mit RM-Verantwortung schnell stellen werden, ist die nach einem geeigneten Rahmenwerk zur Einführung von RM. Existiert eine praxiserprobte Anleitung, die der obigen Definition und dem damit verbundenen Gedankengut von RM gerecht wird? Die folgenden Ausführungen versuchen, eine erste Antwort anhand der bekanntesten und weltweit am meisten diskutierten und umgesetzten Rahmenwerke COSO ERM und ISO 31000:2009 (DeLoach 2012; Marks 2012) zu geben.

2.1 Gemeinsamkeiten

In einem ersten Schritt werden die wesentlichen Gemeinsamkeiten beider Rahmenwerke erläutert und beurteilt. Beide orientieren sich an den Unternehmenszielen und sollen die Zielerreichung erleichtern, d. h. RM muss mit der Unternehmensstrategie abgestimmt sein. Entsprechend wird die Beurteilung von Risiken immer in Relation zu den gesetzten Zielen vorgenommen. Weiter gelten die Ausführungen zum Umgang mit Unsicherheit grundsätzlich für alle Organisationstypen und Branchen; jedoch verweisen beide Rahmenwerke ebenfalls auf die unternehmensindividuelle Anpassung bei der Umsetzung. Wichtig für den Erfolg von RM ist gemäß COSO ERM und ISO 31000 der Management-Support („tone-at-the-top") und damit verbunden eine ausgeprägte positive Risikokultur. Die Risikokultur kann durch wiederholte Kommunikation und Information gestärkt und verankert werden. Beide Frameworks postulieren eine Implementierung von RM über alle Hierarchiestufen, d. h. die Sensibilisierung auf RM bzw. Risiken muss unternehmensweit geschehen, da alle Mitarbeitenden (und eben nicht nur die Führungsebene) Teil des RM sind. Ebenfalls Konsens besteht in der Relevanz

© Springer Fachmedien Wiesbaden GmbH 2017
S. Hunziker und J.O. Meissner, *Risikomanagement in 10 Schritten*, essentials,
DOI 10.1007/978-3-658-15840-8_2

der klaren Zuordnung von Aufgaben, Kompetenzen und Verantwortlichkeiten innerhalb des RM-Prozesses.

COSO ERM und ISO 31000 empfehlen, zur Risikoidentifikation und -bewertung verschiedene Methoden einzusetzen. Auch sollen Risiken im Grundsatz auf die potenziell damit verbundenen Chancen beurteilt werden. Beide Standards weisen auf die Wichtigkeit der Analyse von Abhängigkeiten zwischen Risiken hin und dass der gesamte RM-Prozess aktiv und regelmäßig überwacht werden soll. Letztlich erwähnen beide die Bedeutung eines angemessenen Kosten-Nutzen-Verhältnisses. Insgesamt weisen beide Rahmenwerke große Überschneidungen auf, was den grundsätzlichen RM-Prozess betrifft, allerdings gibt es einige Unterschiede in der Bezeichnung der einzelnen Phasen.

2.2   Unterschiede

Obwohl beide Rahmenwerke große Gemeinsamkeiten aufweisen, gibt es doch einige bemerkenswerte Unterschiede, die im Folgenden kurz erläutert werden. Eine erste Differenz liegt im Umgang mit dem Chancen-Potenzial von Risiken. Bei ISO 31000 werden Events mit positiver Auswirkung explizit gleichberechtigt im gesamten RM-Prozess berücksichtigt, wobei COSO nur Risiken mit negativer Konsequenz für die Bewertung und die weiteren Prozessschritte einbezieht. Chancen (Opportunities) werden somit zwar auch identifiziert, jedoch nicht mehr im Rahmen des RM beurteilt und gesteuert. In Bezug auf die Risikosteuerungsmaßnahmen kennt COSO lediglich die vier Alternativen Verhindern, Reduzieren, Teilen und Akzeptieren, wobei ISO 31000 eine breitere Auswahl an Maßnahmen definiert, die ebenfalls das Ausnutzen von Chancen vorsieht (z. B. Risiko erhöhen, falls es die Chance rechtfertigt).

Ein weiterer sehr zentraler Unterschied liegt in der Bewertung von Risiken. COSO ERM schlägt vor, Risiken lediglich auf Event-Ebene (z. B. Event „Gebäudebrand") einmalig mit Eintrittswahrscheinlichkeit und Schadensausmaß zu bewerten. Allerdings bleibt dann unklar, welche Konsequenz bzw. welches Szenario des Brandes tatsächlich in die Bewertung einfließt, da ein Gebäudebrand verschiedene Konsequenzen (z. B. in Form von worst case und best case) haben kann. ISO 31000 löst diese Problematik differenzierter, in dem die Risikobeurteilung auf Konsequenzen-Ebene vorgenommen wird und somit verschiedene Szenarien bewertet werden, was zu einer realistischeren und umfassenderen Risikobeurteilung führt.

ISO 31000 ist als Anleitung zur Implementierung des Risikomanagementprozesses zu verstehen, wobei COSO ERM eher ein flexibler Standard zur

Selbstevaluation des bestehenden RM-Prozesses ist (DeLoach 2012). Dabei ist ISO 31000 stärker generisch gehalten und lässt z. B. offen, ob RM top-down, bottom-up oder im Gegenstromverfahren eingeführt werden sollte. COSO ERM ist hingegen eher top-down orientiert und detaillierter in den Anleitungen, lässt aber entsprechend weniger Handlungsspielräume zu.

Einige inhaltliche Schwerpunkte sind verschieden gesetzt: So ist COSO II u. a. umfassender beim Thema „Faktor Mensch im RM", bei der Definition von Risikoappetit sowie der Verbindung zur Strategie und den Unternehmenszielen. ISO 31000 hingegen beschäftigt sich z. B. stärker mit dem RM-Vokabular, den Risikobewertungsmethoden und weist einen stärkeren Fokus auf die Entwicklung einer Risikopolitik auf. Schließlich ist noch zu erwähnen, dass ISO 31000 klarer, intuitiver und tendenziell praktikabler aufgebaut ist als COSO II. Ein Grund dafür liegt in der Entwicklungsgeschichte beider Frameworks: COSO II ist inhaltlich primär durch Auditoren und Accountants geprägt und stellt eine Erweiterung des bereits seit 1992 existierenden COSO für Interne Kontrollsysteme dar. ISO 31000 hingegen wurde stärker von Praktikern entwickelt, die selbst mit der Umsetzung von RM betraut sind.

2.3 Beurteilung zur Umsetzung von modernem RM

Welches Framework ist nun besser geeignet, dem modernen Verständnis von RM gerecht zu werden? Die Antwort ist einfach – keines. Weder COSO ERM noch ISO 31000 umfassen alle für RM relevanten Themen. Grundsätzlich sind sie als Ausgangsbasis beide komplementär nutzbar, da sie sie sich in vielen Bereichen ergänzen, beide als ausgereift gelten, einen holistischen Blickwinkel auf RM einnehmen und in sich weitestgehend konsistent sind. Sie müssen aber immer unternehmensindividuell ergänzt werden. Allerdings muss berücksichtigt werden, dass Rahmenwerke grundsätzlich den Konsens von vielen unterschiedlichen Ansichten widerspiegeln müssen und somit nur für den Durchschnitt gelten können. Innovationen in den Rahmenwerken finden sich oft keine, da sie nicht mehrheitsfähig sind und somit keinen Eingang in den Standard finden (vgl. auch RiskSpotlight 2015). Zudem gibt es bis anhin keine empirische Evidenz, ob die beiden Rahmenwerke tatsächlich in der Praxis funktionieren.

Weiter gilt es zu beachten, dass die Umsetzung v. a. von COSO ERM sehr ressourcenintensiv ausfallen kann, da der Standard stark auf das betriebliche Prozessmanagement ausgerichtet ist. Zudem sieht COSO eine Risikobeurteilung aller Prozessrisiken vor, was sich schnell zu übermäßigem Aufwand entwickeln kann. Beide Rahmenwerke sehen eine relativ vereinfachte Risikobeurteilung vor, wobei

ISO 31000 hier differenzierter und sinnvoller vorgeht. Insbesondere bei COSO ERM ist keine echte (d. h. quantifizierte) Risiko-Priorisierung möglich, zumal die alleinige Risikobewertung anhand Eintrittswahrscheinlichkeit und Schadensausmaß zu wenig weit greift. Weiter wird zwar in beiden Frameworks die Relevanz der Verknüpfung zum strategischen Management betont, jedoch bleibt unklar, wie der ökonomische Nutzen von RM gerechtfertigt wird bzw. wie der Wertbeitrag von RM gemessen werden kann. Schließlich ist eine konsequente Priorisierung und Bewertung aller relevanten Top-Risiken klare Voraussetzung zur Bestimmung der Gesamtrisikoposition und zum Abgleich mit dem Risikoappetit. Diesen Aspekten wird in beiden Frameworks zu wenig Beachtung geschenkt. Die Ausführungen im nächsten Kapitel können dem Leser helfen, in wichtigen Bereichen eigene Ergänzungen zu den Ausführungen in den Standards vorzunehmen bzw. genauer zu beleuchten.

Zehn Schritte zum modernen Risikomanagement

3

Die folgenden Ausführungen beziehen sich auf zehn wichtige Aspekte, die bei der Einführung und dem Betrieb beachtet werden müssen, damit der Sprung vom traditionellen zum modernen RM gelingt. An dieser Stelle wird nochmals an die obige Definition von RM erinnert, die wie folgt lautet: *Modernes Risikomanagement ist ein unternehmensweit abgestimmter Prozess, mit dem Unternehmen alle Schlüsselrisiken identifizieren, bewerten und aktiv steuern, um Unternehmenswerte für alle Anspruchsgruppen zu generieren.* Damit der Prozess nachhaltig wirkungsvoll ausgeführt werden kann und einen Beitrag zur Wertgenerierung liefert, sind die nachfolgenden wichtigen Rahmenbedingungen zu erfüllen.

3.1 Risikobegriff: Umdenken in der Praxis gefordert

Ein wichtiges erstes Bekenntnis im modernen RM-Ansatz bezieht sich auf das Risiko-Verständnis. Traditionellerweise wird Risiko eher negativ ausgelegt, d. h. die Fragen „Was kann schiefgehen" und „Was können wir verlieren?" stehen im Vordergrund. Das Verlustpotenzial und die dazugehörende geschätzte Wahrscheinlichkeit sind die in der Praxis immer noch dominanten Risikobewertungsansätze (z. B. Romeike und Finke 2003, S. 483; Hampton 2009, S. 4 f.; Diederichs 2012, S. 9). Allmählich kristallisiert sich – wenn auch nur sehr langsam – eine breitere Definition von Risiko heraus, die dem RM-Ansatz gerecht wird: „Welche positiven und negativen Szenarien können Risiken bewirken? Welche Szenarien sind wie wahrscheinlich?" wären die korrekten Fragen. Abb. 3.1 illustriert diese Denkweise in Volatilitäten, die für eine korrekte Bestimmung des „wahren" Risikoumfangs auf Gesamtunternehmensebene entscheidend sein kann. Zum besseren Verständnis der Relevanz einer korrekten Risikodefinition wird ein einfaches Unternehmen mit den zwei Geschäftsbereichen A und B, die je vier Risiken enthalten, hinzugezogen.

© Springer Fachmedien Wiesbaden GmbH 2017
S. Hunziker und J.O. Meissner, *Risikomanagement in 10 Schritten, essentials*,
DOI 10.1007/978-3-658-15840-8_3

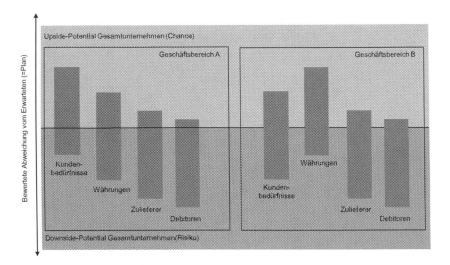

Abb. 3.1 Risikobegriff

    Es wird ersichtlich, dass die verschiedenen Risiken ein Upside-Potenzial (Chance) und ein Downside-Potenzial (Risiko) aufweisen, jedoch in unterschiedlichem Ausmaß. So weist in der Regel das Debitorenausfallrisiko keine symmetrische Risiko-Chancen-Struktur auf, sondern ist stark negativ geprägt. Hingegen kann das frühzeitige Erkennen von sich ändernden Kundenbedürfnissen zu einem strategischen Wettbewerbsvorteil werden, der ein großes Chancenpotenzial aufweist. Zudem hat das Risikoassessment in beiden Geschäftsbereichen A und B zwar dieselben Risiken hervorgebracht, jedoch zu geringfügig anderen Bandbreiten in der Risikobeurteilung geführt. Der Risikomanager wird sich also mit verschiedenen Szenarien auseinandersetzen müssen, die an den beiden Enden der Bandbreite je den besten Fall (Chance) und den schlechtesten Fall (Risiko) abdecken. Würde der Risikomanager lediglich die negativen Szenarien aller vier Risiken berücksichtigen, käme das einer deutlichen Überbewertung des Risikos zugleich, da die möglichen positiven Szenarien (Chancen) komplett unberücksichtigt blieben. Weiter muss der Risikomanager den Risikoausgleich durch verschiedene Geschäftsbereiche/-felder in die Berechnungen einbeziehen. Wenn aus Sicht von Geschäftsbereich A ein Risiko mit negativer Konsequenz eintritt, kann das umgekehrt für Geschäftsbereich B ein positives Ereignis bedeuten. Relevant ist der sogenannte Netto-Effekt (das Verrechnen der Risiken in unterschiedlichen

Bereichen), welcher Diversifikationseffekte (z. B. durch verschiedene Märkte oder Produktgruppen) berücksichtigt.

Letztlich ist es wichtig zu verstehen, dass die Risikobewertung auf dem *unerwarteten* Risiko beruhen muss, d. h., Risiko ist die bewertete, unvorhergesehene Abweichung vom Plan (=Erwartung). Die Erwartung, wie sich ein Risiko durchschnittlich materialisieren kann (oft aus dem Produkt der Eintrittswahrscheinlichkeit und der Schadensausmaß berechnet, statistisch auch als Erwartungswert bezeichnet), ist per Definition kein echtes Risiko, denn sie kann und muss in der Planung bereits berücksichtigt werden (Gleißner 2008, S. 9; Segal 2011, S. 23 f.). Folgendes Praxisbeispiel erläutert den Risikobegriff im modernen RM-Ansatz.

> **Beispiel**
>
> Ein Schweizer Unternehmen in der Reisebranche vermarktet im Geschäftsbereich A Ferienreisen in der Schweiz und im Geschäftsbereich B Ferienreisen in den Euroraum, v. a. Deutschland und Österreich. Als ein wesentliches Risiko wurde in der Geschäftsleitung die unerwartete Veränderung des Währungspaares CHF/$ identifiziert. Die Nachricht der Schweizerischen Nationalbank (SNB) am 15. Januar 2015 zur Aufhebung des Mindestkurses von 1.20 Franken pro EUR traf das Unternehmen unterwartet. Der Mindestkurs wurde damals in einer Zeit der starken Überbewertung des Schweizer Frankens und großer Verunsicherung an den Finanzmärkten eingeführt. Diese damals als temporäre Maßnahme hatte zum Ziel, die Schweizer Wirtschaft vor finanziellem Schaden zu bewahren. Ein Grund für diesen Schritt der SNB lag darin, dass sich die Überbewertung seit Einführung des Mindestkurses insgesamt etwas reduziert hatte und sich die Unternehmen auf diese neue Situation einstellen konnten (SNB 2015).
>
> Die Auswirkungen der Aufwertung CHF gegenüber dem Euro waren zweierlei: Geschäftsbereich A büßte im Jahr 2015 ca. 20 % der Umsatzerlöse ein, da weniger Ferien in der „teuren" Schweiz gebucht wurden. Allerdings konnte das Unternehmen einen deutlichen Umsatzzuwachs im wichtigen Eurogeschäft von 10 % verzeichnen. Werden beide Effekte miteinander verrechnet, resultierte für das Unternehmen netto eine positive Auswirkung auf Unternehmensebene. Ein traditionelles Risikomanagement hätte dieses Risiko deutlich überschätzt, da nur die negativen Konsequenzen aus Geschäftsbereich A in die Gesamtrisikoanalyse eingeflossen wären.

3.2   Risikopolitik – ein unterschätztes Fundament

In der Ausgestaltung der RM-Organisation stellen sich vielfältige Fragen, die teils mit erheblicher Unsicherheit behaftet sind: Welchen Normen will man folgen und welche Grundsätze sollen gelten? Wie ist die RM-Aktivität mit dem Unternehmenszweck verbunden? Wo bestehen Bezüge zwischen Strategie und Risiken und wie sollen diese Bezüge beobachtet werden? Wozu baut man ein RM-System auf? Was ist der übergeordnete Zweck und wie zergliedert man das System in seine Teile? Welche Organisation des RM möchte man umsetzen? Welche Kompetenzen, Aufgaben, Verantwortlichkeiten werden geregelt? Der Frageapparat lässt sich fast beliebig erweitern. Um Grundsätzliches festzulegen, bedient man sich eines Strategiepapiers, der „Risikopolitik" (im Englischen: „Risk Policy").

Strategie und Unternehmenspolitik
Bei der Risikopolitik handelt es sich um eine strukturelle Verbindung zwischen der Unternehmensstrategie und der RM-Maßnahmen. Es ist ein Dokument, was beiden Unternehmensfunktionen gerecht werden muss – Strategen und Risikomanager müssen die Ausführungen verstehen und für passend empfinden. Sobald die Politik mehr Fragen aufwirft als Klarheit schafft, ist der Zweck verfehlt.

Die Risikopolitik trifft als strategisches Papier eine Festlegung. Wozu eigentlich? Die Kunst der Strategie ist es ja, Zielorientierung zu schaffen, ohne sich im kleinsten Teil der Unternehmensoperationen zu verlieren. Oder anders: Wer strategisch orientiert ist, der kann über das Detail hinwegsehen, sofern es nicht die Erreichung des Gesamtziels bedroht. Die Strategie schafft den Orientierungsrahmen, der nie exakt „passen", aber immer „stimmig sein" muss. Genau das macht die Strategie zu einer anspruchsvollen Angelegenheit: Sie erfordert inhaltliche Festlegung und zielorientierte Flexibilität gleichzeitig. Jede Geschäftsleitung wird auf die (mehr oder weniger explizite) Strategie verweisen, im Zweifel sich aber darauf berufen, dass ein „Fehler" außerhalb des strategischen Rahmens läge – oder dass dieser Rahmen selbst unvollständig, veraltet, oder ähnlich unangemessen sei. Paradoxerweise besteht die Kunst einer Strategie darin, Entscheidungssicherheit für die Handelnden zu schaffen, und gleichzeitig eine gewisse Offenheit beizubehalten (Wimmer et al. 2014). Jede Forderung nach einer „konkreten Regelung" (wie gerne von verschiedenen Gruppen in der Organisation verlangt) ist daher im Grunde naiv, da im Kern unmöglich. Dennoch ist die Strategie konstituierend für die Organisation, da man sich auf sie berufen und somit Diskurse möglich machen kann. Die Festlegung auf ein „internationale Geschäftsaktivität" z. B. wird dann wichtig sein, wenn ein Innovationsmanager sich die Frage stellt, ob ein Mitarbeiter zum Erkunden neuer Ideen eine internationale Messe besuchen wird.

Als Vorbemerkung zur Risikopolitik ist hier festzuhalten: Die grundlegende Zwiespältigkeit jeden strategischen Handelns lässt sich mit einer Risikopolitik nicht aufheben; sie stellt aber eine vorläufige, mehr oder weniger provisorische Entscheidungsfähigkeit her, aufgrund der man überhaupt weitermachen kann. Ein naiver Glaube an definierte und zweifelsfreie, klare und unumstößliche Strategien ist allerdings hier nicht angebracht.

Gesamt- und Teilstrategien
Ein strategisches Rahmenwerk muss nach Größe und Art der Organisation differenziert werden. Passt die Strategie eines Start-ups in der Regel noch „auf einen Bierdeckel", so wird dieses Dokument wachsen und beim Mittelständler bereits in Teilstrategien ausgearbeitet worden sein. Die strategische Forderung etwa, die Unternehmensleistung mit „hochqualifizierten Mitarbeitern in einem integrierten Leistungsportfolio" zu erreichen, wird die Ausgestaltung einer Personalstrategie und einer entsprechenden Personalpolitik zur Folge haben, aufgrund der die Tätigkeiten im Personalmanagement ausgerichtet werden können. Die Teilstrategien können nach Geschäftsbereichen und/oder nach Funktionen konkretisiert werden.

Dies trifft auch für die Risikopolitik zu. Sie muss sich grundsätzlich an der Strategie der Gesamtorganisation orientieren, aber auch auf die Teilstrategien Bezug nehmen. Die strategische Bestimmung etwa, „das internationale Geschäft in einer Allianz mit kompetenten Partnerunternehmen entlang der prozessgesteuerten Wertschöpfungskette" zu realisieren, hat Auswirkungen darauf, wie man strategische Partnerschaften aufbaut, betreut und überwacht, aber auch wie die Versorgungsprozesse des Unternehmens gesteuert werden. So wird eine Risikopolitik ebenso auf die Supply Chain Risiken (Teilstrategie Logistik & Betrieb) eingehen müssen wie auch auf die strategischen Risiken der internationalen – und somit -kulturellen Zusammenarbeit (Teilstrategie Personal- oder Unternehmensentwicklung). Das gesamte strategische Rahmenwerk sollte in sich möglichst schlüssig sein, also einen kohärenten Entscheidungsrahmen bieten, damit die Organisation anschlussfähige Entscheidungen treffen kann (Rüegg-Stürm und Grand 2015).

Die Risikopolitik als Grundlage des Risikohandelns
Die Risikopolitik bildet in Abstimmung mit der Unternehmenspolitik die Basis für den Aufbau des RMs. Dabei handelt es sich um eine Vereinbarung, die bewusst festlegt, wie mit dem Thema „Risiko" umgegangen werden soll. Dass die Risikopolitik eng mit der Unternehmenskultur verbunden ist, zeigt sich darin, dass diese festlegt inwieweit das Risikobewusstsein gestärkt werden soll und wie

die Auseinandersetzung mit Risiken gehandhabt wird. Dadurch ist die Risikopolitik gleichzeitig Bestandteil der internen Ausbildung und Kommunikation in diesem Bereich. Es lässt sich daraus also ableiten, wie offen das Unternehmen mit dem Thema Risiko umgeht und wie das Risikobewusstsein der Mitarbeitenden gefördert wird.

Wichtig ist, dass das Statement der Geschäftsleitung, das den involvierten Personen zu Beginn als Zielsetzung und gleichzeitige Hilfestellung dienen soll, als erstes schriftlich erarbeitet und präsentiert wird. Die Risikopolitik legt den Sinn und Zweck des RM fest. Basierend darauf kann die Implementierung angegangen werden. Ein umfangreiches RM zeichnet sich dadurch aus, dass sich sowohl die Geschäftsleitung, das Kader als auch die Mitarbeitenden gezielt mit dem Thema auseinandersetzen (Meissner 2016).

Die Teilschritte zur Identifikation, Bewertung, Maßnahmenerarbeitung, Überwachung der Risiken und Überwachung der Maßnahmensetzung sowie die Krisenvorbereitung müssen Bestandteil der Risikopolitik sein. Letztere ist aus unternehmensweiter Sicht zu definieren. Hier lässt sich ableiten, wie stark sich das Unternehmen mit dem Thema Risiko auseinandersetzt. Zudem lässt sich hier erkennen, ob das RM nur aufgrund gesetzlicher Vorschriften, der Anforderungen anderer Anspruchsgruppen oder aus Eigenverantwortung praktiziert wird.

Eckpfeiler einer Risikopolitik
Die Risikopolitik beschreibt, wie eine Organisation ihr RM „versteht", wie sie also den Umgang mit Risiken plant, umsetzt, bewertet und verbessert. Eckpfeiler sind dementsprechend die zu regelnden Grundlagen (nach Brühwiler 2007, S. 175):

- Beschreibung der *Grundsätze* (warum ist RM wichtig?).
- Festlegung der Verantwortlichkeiten der Unternehmensführung.
- Aufzeigen der *wichtigsten Risiken* im Zusammenhang mit den Chancen und Erfolgsfaktoren.
- Beschreibung der *Ziele* (was?) und *Strategien* (wie?) des RM.
- Definition des *Geltungsbereichs* (strategisches RM, Finanzrisiken, Innovationen, Projekte, Produkte, Prozesse).
- Beschreibung der *eingesetzten Methoden der Risikobeurteilung und Anwendungen* (top-down, bottom-up, Identifikation, Überwachung, Bekämpfung und beim Eintritt des Risikos deren Bewältigung).
- Definition der *Verantwortung und Kompetenz* von Risikoeigner, Risikomanager und Support (Beratung, Überprüfung).

- Festlegung wie die *Organisation mit RM* gesteuert werden soll (Führungsinstrument, Verhältnis zu anderen Führungsinstrumenten, Vorgaben, Umsetzung, Controlling, Systemaudit, ständige Verbesserung).

Konkrete Ausgestaltungen

Die Risikopolitik beginnt in der Regel mit dem Einrahmen des Gegenstands, was den Sinn und Zweck des Dokuments erläutert. Dies ist z. B. in der Risikopolitik der Schweizer Bundesverwaltung wie folgt umgesetzt.

Beispiel

Gegenstand

Der Bund ist zahlreichen Risiken ausgesetzt. Die zunehmende Vernetzung und Komplexität des Umfeldes, die Forderung nach erhöhter Effizienz und Effektivität der Dienstleistungserbringung, die Anforderungen an eine verantwortungsvolle Verwaltungsführung, der vielfältige Aufgabenkatalog der Bundesverwaltung sowie finanzpolitische Restriktionen stellen den Bund vor zusätzliche Herausforderungen.

Mit der vorliegenden Risikopolitik sollen die Grundlagen für ein RM beim Bund gelegt werden, wobei die finanziellen Auswirkungen im Vordergrund stehen.

Die Risikopolitik

- legt den homogenen, systematischen und konsequenten Umgang mit den vielfältigen Risiken in der Bundesverwaltung verbindlich fest,
- versteht sich als Teil der Sorgfaltspflichten, welche die Departemente und Verwaltungseinheiten im Rahmen ihrer Tätigkeiten wahrzunehmen haben,
- unterstützt die Departemente und Verwaltungseinheiten in der effizienten und effektiven Ausübung der ihnen übertragenen und von ihnen wahrgenommenen Tätigkeiten und
- enthält die Instrumente und Maßnahmen, welche darauf ausgerichtet sind, die Risikopotenziale auf effiziente Art und Weise systematisch zu erfassen, zu bewerten, zu bewältigen und zu überwachen (Eidgenössische Finanzverwaltung 2004)

Bereits im zweiten Absatz wird das RM-Konzept thematisiert, wobei die Hervorhebung kennzeichnet, dass der Begriff „Risikomanagement" im Anhang genauer erläutert wird. Zudem wird die Auslegung zugunsten „finanzieller Auswirkungen" diskriminiert – eine Eingrenzung, die vor dem Hintergrund der publizierenden Verwaltungseinheit und auch zur Bewältigung der Informationsmengen sinnvoll scheint. In der darunter folgenden Auflistung wird im zweiten und dritten Aufzählungspunkt ersichtlich, dass die einzelnen Verwaltungseinheiten Risikoeigner sind und Unterstützung seitens der Finanzverwaltung erwarten dürfen. Die weiteren Ausführungen der Risikopolitik umfassen neben dem Gegenstand, den Zielen und dem Geltungsbereich der Risikopolitik die Grundsätze zur Risikobewältigung, die Beschreibung des RM-Prozesses, die Verantwortlichkeiten und auch Angaben zur Versicherungspolitik (also des Risikotransfers) und zur Finanzierung.

Der Industriekonzern ABB wählt eine auf seine Anspruchsgruppen ausgerichtete Beschreibung der Risikopolitik, in der sich zentrale Aussagen auf die Mitarbeiter, Lieferanten, die „Gesellschaft" und den Staat (Gesetze & Behörden) beziehen (siehe folgendes Beispiel):

Beispiel

(Auszug)

Sensibilisierung der Mitarbeitenden

Die Mitarbeitenden von ABB Schweiz kennen die wesentlichen Risiken in ihrem Umfeld und werden auf mögliche Gefährdungen in ihrem Tätigkeitsfeld sensibilisiert.

Verpflichtung Lieferanten

ABB Schweiz bevorzugt Lieferanten, die unter anderem ein nachhaltiges Risikomanagement betreiben.

Gesellschaft

Ein wirksames Risikomanagement ist eine wesentliche Voraussetzung für den nachhaltigen Erfolg. ABB Schweiz stärkt damit ihre Wettbewerbsfähigkeit und leistet so auch einen Beitrag für die Gesellschaft.

Einhaltung der Gesetze

Die gesetzlichen Bestimmungen und die von ABB Schweiz anerkannten Forderungen werden eingehalten.

Kontakt zu Behörden und interessierten Kreisen

Mit Behörden, Verbänden sowie interessierten Kreisen arbeitet ABB Schweiz offen und aktiv zusammen und pflegt ein vertrauensvolles Verhältnis.

Beschluss der Geschäftsleitung ABB Schweiz per 2015-01-01 (ABB 2015)

Hier wird einerseits die Wichtigkeit der Arbeitssicherheit hervorgehoben und so systematisch mit dem RM verknüpft. Zudem wird RM als Selektionskriterium für die Lieferkette benannt – ähnlich wie es häufig anhand bestimmter Standards im Qualitätsmanagement vorgenommen wird. Weniger gelungen sind die drei anschließenden Aussagen zu Gesellschaft, Gesetzestreue, und „Behörden, Verbänden sowie interessierten Kreisen", da diese Aussagen bereits im Rahmen einer guten Unternehmensführung zur Selbstverständlichkeit gehören sollten und hier keinen Informationsmehrwert beinhalten. ABB wählt eine sehr knappe Darstellungsform, deren eigenes Risiko ihr hoher Abstraktionsgrad ist. Fraglich ist, wer aus der Beschreibung einen Mehrwert ziehen kann.

Ähnlich knapp im Umfang ist die öffentlich zugängliche „Risk Policy" des Bergbauunternehmens Rio Tinto. In vier Absätzen werden die Eckpfeiler erläutert, u. a. durch diese Aussage: *„We foster a risk-aware culture in all decision-making, and are committed to managing risk in a proactive and effective manner. We support this with an integrated framework of risk governance and reporting, we analyse risk in order to inform the management decisions taken at all levels in the organisation and we take appropriate action to deal with those risks that exceed the thresholds that can be tolerated for our objectives"* (Rio Tinto 2014).

Viel in dieser Beschreibung ist vermutlich „reine Prosa", jedoch lässt sich entnehmen, dass ein integriertes Risikomanagementkonzept verfolgt wird, und dass Risiken Hierarchie übergreifend und systematisch bearbeitet werden. Man darf annehmen, dass zu dieser allgemeinen Formulierung interne Dokumente zur konkreteren Ausgestaltung vorliegen. Solche könnten sich z. B. darauf beziehen

- welche Stelle und Abteilung für das RM zuständig ist und wie diese an die Geschäftsleitung Bericht erstattet,
- welche Mindeststandards z. B. in Bezug auf Arbeitsplatzsicherheit generell gelten sollen,
- welche anerkannten Leitlinien neben den gesetzlichen Vorschriften zur Anwendung gelangen,
- wie das RM mit der Unternehmensstrategie konkret verknüpft wird,
- wie Sonderrisiken bei bedeutenden Investitionsmaßnahmen und Innovationsaktivitäten gehandhabt werden sollen,
- wie konkret ein Lernprozess stattfinden soll, wenn es um die Schadenaufarbeitung geht,
- wie im Fall von Schnittstellenkonflikten innerhalb der Organisation vorgegangen werden soll („Vorfahrtsregeln")

Schließlich muss die Risikopolitik immer von der obersten Instanz unterzeichnet werden, um als interne Weisung Wirkung zu entfalten.

Grenzen der Risikopolitik
Der große Aufwand und die umfangreiche Diskussion, die normalerweise der Entstehung einer Risikopolitik vorausgehen, dürfen nicht darüber hinwegtäuschen, dass diese nur einen Teil des Gesamtsystems RM darstellt. Ihre Grenzen liegen vor allem darin,

- dass ein formales Regelwerk immer von der *informellen Kommunikation* über dieses Dokument innerhalb der Organisation abhängig ist (Sinnstiftungsprozess).

- dass die Politik nicht vor *Betrug, Korruption und sonstigem illegalem Verhalten* schützt, selbst wenn sie diese thematisiert.

- dass die Risikopolitik schon ab Organisationen mittlerer Größe aufgrund von Kommunikations-, Infrastruktur- und sonstiger Organisationsgrenzen *nicht allen betroffenen Akteuren bekannt* ist – und auch nicht real bekannt sein kann.

- dass *interkulturelle Komponenten* nicht angemessen übersetzt oder vermittelt werden können (wer versteht in Europa schon, weshalb rechtliche Ansprüche in den Vereinigten Staaten von Amerika zu exorbitanten Schadensersatzansprüchen führen können?).

- dass die zunehmende Dynamik des Wirtschaftshandelns und die entsprechende Veränderungsgeschwindigkeit im Alltagsgeschäft eine *eher abstrakte Beschreibung erforderlich* machen, soll die Risikopolitik nicht innerhalb kürzester Zeit wieder veraltet sein.

Schließlich muss man auch erwähnen, dass die Risikopolitik im obersten Leitungsgremium verhandelt wird. In der Regel bleibt für diesen Prozess sehr wenig Zeit. Rein praktisch steht der Komplexität des zu regelnden Sachverhalts so häufig eine sehr geringe zeitliche Aufmerksamkeit gegenüber. Stehen aber für das Traktandum „Risikopolitik" zu wenige zeitliche Ressourcen zur Verfügung, so wird auch das RM-System im Gesamten keine sonderlich hohe Professionalität aufweisen.

Warum oft kein unternehmensweites Risikomanagement?
Unternehmen handhaben ihre Risikopolitik und den damit verbundenen Geschäftsbereich äußerst unterschiedlich. Nicht nur das operative Umfeld (Branche, Länder, Leistungsaufträge) spielt eine Rolle, sondern auch die Unternehmensgröße, sowie die strategische Relevanz der unterschiedlichen Geschäftsbereiche. So können auch Unterschiede in verschiedenen Organisationseinheiten identifiziert werden, für die RM je eine andere Wichtigkeit hat. Im Bankwesen managen z. B. Teile des Investmentbankings ihre Risiken anders als der Retailbanking-Bereich oder die internen Unterstützungsbereiche. Und entsprechend des Geschäftsfelds sind zum Teil auch unterschiedliche Regulierungen vorzufinden, denen das Risk Management entsprechen muss. Die Folge sind sehr fragmentierte RM-Systeme.

Mitunter sieht man divisionale Organisationen, in denen sehr profitable und wachstumsstarke Bereiche vom RM-Prozess ausgeklammert werden. Dies kann u. a. an falschen Anreizstrukturen liegen, wie etwa dann, wenn das Management ausschließlich für die Gewinnerzielung bezahlt wird und das damit einhergehende Risiko nicht tragen muss. Zwar hört sich diese Schieflage unglaublich an, kommt aber nicht so selten vor. Dies lässt sich z. B. auch in politischen Organisationen finden, die im Regelfall erst bei Ablauf einer Wahlperiode wirklich zur Verantwortung gezogen werden können, sofern kein besonders schwerer Sonderfall durch betrügerische oder kriminelle Handlungen vorliegt. Auch ist die Schieflage in viele Non-Profit-Organisationen zu finden, die bei ihrer Arbeitsweise maßgeblich auf gewählte Funktionäre angewiesen sind. Im Unternehmensbereich versucht man häufig, durch das Einhalten der Regeln einer „guten Unternehmensführung" (siehe economiesuisse 2016) die Verantwortung auch den Risikoverursachern zuzurechnen. Aber auch hier kommt es aber dann zu Schieflagen, wenn das Unternehmen den Status eines bundesnahen Betriebs, eines Quasi-Monopols im Bereich Infrastruktur oder einer für die Volkswirtschaft außerordentlichen Wirtschaftskraft („too big to fail") aufweist.

Die fragmentierte Ausdehnung des RM kann aber auch anders herum entstehen: Bei der stufenweisen Einführung des RM-Systems geht man häufig von der Relevanz des Geschäftsbereichs aus. Da bei der Implementierung genügend praktische Probleme zum Funktionieren und Integrieren des Systems entstehen, fehlen am Schluss die Ressourcen für ein spezifisches Layout des Systems im entsprechenden Bereich – oder häufig auch die Nerven der Beteiligten.

Manche Bereiche werden dann gar nicht mehr angeschaut, was nachfolgend zu einer Fehleinschätzung der Gesamtrisikoposition führt, in denen Risikopotenziale nicht mehr angemessen verarbeitet werden können. Dies ist den meisten Katastrophenberichten zu entnehmen, in denen kleine Bereiche überproportional große Schäden verursachten (z. B. Versicherungsunternehmen AIG, der Automobilbauer Volkswagen, oder die das japanische Kernkraftwerk Fukushima betreibende Gesellschaft Tepco). Das Risiko ist hier oft nicht proportional zur Relevanz des jeweiligen Geschäftsbereichs verteilt, was zu diesen Fehleinschätzungen führt. Auch ein aufgrund beruflichen Status zugestandenes Vertrauen kann zu einer solchen Fragmentierung führen, wie in allen Berufsfeldern mit großer Statushierarchie (zu erkennen an den so genannten „Grauen Eminenzen") sichtbar wird, z. B. bei Schifffahrtsgesellschaften (Kapitäne), der Medizin (Chirurgen, Chefärzte), kirchlichen Organisationen (Priester) und Bildungseinrichtungen (Schuldirektion). Ein unternehmensweites RM endet dann häufig auf dem Schreibtisch des hierarchischen Entscheidungsträgers. Aus diesen Gründen haben viele Unternehmen ihr RM noch nicht auf alle Bereiche ausgeweitet, werden dies auch nie tun oder die Vorteile dieses systematischen Instruments kennenlernen.

Leitfragen zur Risikopolitik

Eine Risikopolitik ist als Dokument in der Regel verhältnismäßig schnell verfasst, da entsprechende Vorlagen bestehen. Wesentlich umfangreicher sind der Prozess der Willensbildung, die Vermittlung der Inhalte sowie die Implementierung der entsprechenden Prozesse und Maßnahmen. Zur regelmäßigen Untersuchung der Angemessenheit der Risikopolitik sind die folgenden Überprüfungsfragen zu empfehlen (Meissner et al. 2013):

- Besteht für die Organisation eine allgemein gültige Risiko-Definition?
- Ist die Risikopolitik für die Organisation dokumentiert und den Betroffenen frei zugänglich?
- Sind die strategischen Vorkehrungen der Ressourcenbereitstellung für die Risikohandhabung gewährleistet? (können die Risikobetroffenen überhaupt entsprechend handeln?)
- Sind die Aufgaben, Kompetenzen und Verantwortlichkeiten in der Unternehmenspolitik statuiert?
- Ist in der Risikopolitik das Krisenmanagement angesprochen?
- Hat die Geschäftsleitung die Risikopolitik als verbindliches Strategiepapier genehmigt und als solches kommuniziert?
- Wird regelmäßig überprüft, ob es ein gemeinsames Verständnis bezüglich der Unternehmensrisiken, respektive des Sinns und Zwecks des RM-Systems gibt?

3.3   Die positive Risikokultur – die gelebte Risikopolitik?

In jeder Organisation besteht eine Risikokultur. Zusammen mit der Risikopolitik bildet sie die maßgebliche Grundvoraussetzung für das Funktionieren jedes RM-Systems. Gemäß Ed Schein ist die Risikokultur „...das Muster gemeinsamer Grundannahmen und -einstellungen, dass die Angehörigen des Unternehmens im Rahmen ihres Entscheidungsverhaltens als selbstverständlich und bindend erachten. Die Risikokultur beeinflußt somit nachhaltig den gesamten Risikomanagementprozess im Unternehmen" (Schein 1995). Jedes Management-System wird wirkungslos bleiben, wenn es nicht in die praktischen Routinen des Unternehmens einfließt, diese prägt und für einen entsprechenden Rahmen sorgt. Eine gelebte Risikokultur ist dabei das Schlüssel-Kennzeichen für ein gelungenes, also anschlussfähiges RM-System.

Weil die Risikokultur bestimmt, wie sich die Mitarbeitenden im Umgang mit Risiken und Chancen verhalten, sind Aufbau und Pflege einer Risikokultur eine zentrale Aufgabe der Risikomanagenden. Im Kern der Risikokultur steht die Frage, inwiefern Risiken bewusst wahrgenommen und bearbeitet werden, und ob die Organisation ihre Alltags-Entscheidungen unter Risikogesichtspunkten trifft. Dies ist umso wichtiger, wenn es in der Organisation um „Leib und Leben" geht.

Eine Risikopolitik ist dokumentiert, besprochen, explizit, offiziell beschlossen und mitgeteilt. *Für die Risikopolitik trifft dies nur bedingt zu.* Es ist schlicht unmöglich, eine Risikokultur zu kontrollieren oder zu steuern, nicht einmal beschreiben kann man sie vollständig. Seit dem so genannten „Practice turn" in den 1990er-Jahren sehen große Teile der Managementlehre das Konzept der Kultur als selbstorganisierendes Phänomen an, welches bestenfalls irritiert, nicht jedoch in den Griff bekommen werden kann. Aber dies ist der komplex-kritische Ansatzpunkt. Es gibt mit dem „positivistischen" Kulturbegriff noch einen schlichteren, der dem „Managerialismus" folgt, und die prinzipielle Steuerbarkeit von sozialen Systemen – die Machbarkeit von Risikokultur – annimmt. Mit diesem zweiten beginnen wir hier, bevor wir in der zweiten Hälfte dieses Teils auf die generelle Unsteuerbarkeit jeglicher Kultur zurückkommen.

Risikokultur als positivistisches Konzept
Im positivistischen Konzept ist die Risikopolitik eng mit der Unternehmenskultur verbunden. Dies zeigt sich dadurch, dass sie „positiv" (im Sinne von definierbar) festlegt, inwieweit das Risikobewusstsein gestärkt werden soll und wie die Auseinandersetzung mit Risiken gehandhabt wird. Dadurch lässt sich die Kultur formulieren und kann gleichzeitig Bestandteil der internen Ausbildung und Kommunikation in diesem Bereich sein. Es lässt sich daraus ableiten, wie offen das Unternehmen mit dem Thema Risiko umgeht und wie das Risikobewusstsein der Mitarbeitenden gefördert wird.

Die Herausforderung besteht darin, die Risikopolitik in Einstellungen, Fähigkeiten und Wissen über Chancen und Gefahren von Mitarbeitern in eine gelebte Risikokultur „umzumünzen". Häufig nehmen Organisationsmitglieder Risiken nur unzureichend wahr – wie an fast allen Katastrophenberichten mit großem Anteil an persönlichem Fehlverhalten ablesbar ist. Risiken werden als negativ und hinderlich assoziiert und deswegen oft auch unbewusst ausgeblendet. Eine „offene" Risikokultur soll ermöglichen, dass alle Mitarbeitenden über Risiken informiert und beim Managen derselben einbezogen werden. Dies wiederum setzt zwingend ein Vorleben des (Top-)Managements voraus. Den Mitarbeitenden soll ein Anreiz gegeben werden, potenzielle Risiken zu identifizieren und auch

zu kommunizieren. Das Management soll sich bewusst sein, dass mit der Risikopolitik die Grundlage für die Risikokultur geschaffen und dadurch das Risikobewusstsein im Unternehmen gestärkt wird.

Die Risikokultur hängt maßgeblich von der offenen Kommunikation und ver-
trauensvollen Zusammenarbeit innerhalb der Organisation ab. Diese Aspekte
müssen sich auch im Führungsstil widerspiegeln. In einer Unternehmenskultur, in
der das Melden schlechter Nachrichten Nachteile für den Überbringer hat, kann
eine Risikokultur nicht wachsen. Risiken werden in diesen Fällen totgeschwiegen
und kommen erst ans Licht, wenn Schäden bereits entstanden sind.

Neben dieser Voraussetzung ist es aber auch Aufgabe des Managements, effiziente organisatorische Voraussetzungen für das unternehmensweite RM zu schaffen. Ein Risikomanager muss die Autorität besitzen oder die Möglichkeit haben,
Fehlentwicklungen oder andere Bedenken offen und ehrlich zu kommunizieren
oder direkt an die Geschäftsleitung zu adressieren. Funktioniert dies nicht, werden Papiere für die Schublade produziert, es gibt frustrierende Erfahrungen sowie
die Effektivität und Effizienz des gesamten Systems ist gefährdet. Zugleich gilt es
adäquate Ausbildungs- und Schulungsprogramme zu ermöglichen, die das ganz-
heitliche, interdisziplinäre Denken und Handeln bei den Mitarbeitenden fördern.

So wichtig all die Einzelaspekte – Kommunikation, Führung, Strategie, Moti-
vation, Vorleben etc. – auch sein mögen, so sehr unterliegen sie doch einer „Ver-
kürzung" des Kulturkonzepts. Sie ignorieren zum Beispiel, dass:

• widerspruchsfreie Verantwortlichkeiten in der Praxis fast nicht zu finden sind,
• wünschbares Verhalten nur bedingt trainiert werden kann,
• Prozessprogrammierungen nur durch den Einsatz von Technologien erzielt
  werden können,
• ein höherer Grad an Unsicherheit nur in ganz spezifischen Situationen akzeptiert wird,
• die „Vorbildfunktion" des Managements nur Ausschnittsweise erreicht werden
  kann.

Damit fehlt dem positivistischen Modell im Grunde der individuelle und soziale
menschliche Faktor, der das Kulturkonzept an sich so attraktiv macht. Damit dieser aber zutage treten kann, muss man tiefer graben. Der folgend beschriebene
komplex-kritische Ansatz leistet dies.

**Risikokultur komplex-kritisch: Bewusstes und Unbewussten in der Organi-
sation**
Bereits mit Entfaltung der Unternehmenskulturwelle seit Beginn der 1980er
Jahre entstanden Modelle zur Beschreibung von Managementkulturen, die auch

die Risikokultur miteinschlossen. Kulturnetzmodell, nach Johnson (1988), welches bereits die Grundkomponenten eines komplexen Modells umfasst. Organisatorische Strukturen, Machtstrukturen, Kontrollsysteme, Rituale und Routinen, Geschichten und Mythen, und Symbole gruppieren sich netzartig um das Kernparadigma einer Organisation herum. Mit den organisatorischen Strukturen war im Wesentlichen die „Arbeitsteilung" gemeint, weniger die Frage der Verantwortlichkeiten, welche auch im Aspekt der Machtstrukturen eine wesentliche Rolle spielt. In diesem Modell kann man auf der linken Seite gut die traditionellen Kulturbestandteile erkennen: Um das Paradigma herum gruppieren sich Geschichten und Mythen, die Symbole sowie die Rituale und Routinen. Während Routinen zur modernen Organisationsdenkweise gehören, werden Rituale zwar mit einer Selbstverständlichkeit gelebt, aber als Managementvokabular wenig eingesetzt. Das Paradigma tritt immer dann besonders deutlich zutage, wenn es „bricht", d. h. eine Organisation versucht, ihr Verhalten in der Primärumwelt zu verändern. Dies kann man z. B. im Fall einer Marktliberalisierung erkennen, wenn etwa bei einem bundesnahen Betrieb nicht mehr der Service Public, die Verwaltungstreue, die bürokratische Zuverlässigkeit und Prozessgerechtigkeit zählen, sondern der freie Markt mit Kunden, Vertragsverhandlungen und dynamischen Preisen Einzug hält.

Das Paradigma ist manchmal nicht leicht zu entschlüsseln. Man kann fragen, ob es eine offizielle und eindeutige Formulierung über die Gründe gibt, weshalb die Organisation erfolgreich ist; ob sich die Mitglieder einig darüber sind, worin das ‚Erfolgsrezept' der Organisation besteht; ob laut nachgedacht werden darf, inwiefern das Erfolgsrezept auch in Zukunft noch tragfähig ist – und wer darüber laut nachdenken darf. Diese reflexiven Fragen sind essenziell, denn ohne die Frage nach dem „Erfolg" zu beantworten, wird auch nicht ersichtlich werden, was für die Organisation ein Risiko darstellt, und welches „Risikoparadigma" hier vorliegt.

Ähnliche Überlegungen waren maßgeblich für die Entwicklung des organisationspsychologischen „Drei-Ebenen-Modells" von Edgar Schein (1985), siehe Abb. 3.2.

In diesem unterscheidet er die Ebene der „Symbole und Zeichen" von der der „Normen und Standards" und den „Basisannahmen". Die drei Ebenen sind unterschiedlich sichtbar, aber alle interpretationsbedürftig (gemäß des „interpretive turn", der sich in den Managementwissenschaften im Anschluss an Wittgensteins „linguistic turn" in den 1970er Jahren vollzogen hatte). Symbole oder Zeichen sind ein „Signifikant" (das Bezeichnende) für ein „Signifikat" (das Bezeichnete). So ist z. B. eine Beförderung ein sichtbares Symbol für gewünschtes Verhalten (eben dem Signifikat, welches auch immer das ist). Dieses ist aber auch verständnisabhängig. So kann der „Mitarbeiter des Monats" entweder als echte

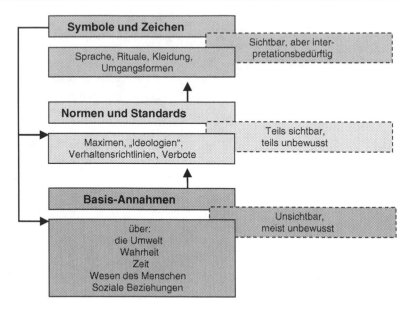

Abb. 3.2 Scheins Drei-Ebenen-Modell der Unternehmenskultur. (Eigene Darstellung nach Schein 1985)

Auszeichnung verstanden oder als Witz des Tages aufgegriffen werden. Diese Ebene ist sichtbar, erschließt sich daher dem Beobachter oder der Beobachtergruppe relativ unkompliziert, aber dennoch auf Grundlage der eigenen, per se komplexen Interpretationslogik. Kniffelig wird es auf der nächsten Ebene der „Standards und Normen". Während Standards einen formalisierten Prozesscharakter aufweisen, sind mit Normen auch informell gewachsene Verhaltensmuster (eben auch Routinen) gemeint. Hier vollzieht sich der Unterschied zwischen sichtbar und unsichtbar. Routinen erschließen sich viel weniger durch direkte Beobachtung als Standards, die zudem formalisiert dokumentiert wurden. Eine Risikopolitik ist ein Standard, die „positive Risikokultur" weist Grundzüge einer Norm auf. Gänzlich problematisch wird es dann auf der untersten Ebene der Basisannahmen. Diese sind Bestandteil der kulturellen Prägung der Beteiligten und werden erst durch Kontrastierung mit anderen Kulturen sichtbar. Diese Ebene ist am nächsten am weiter oben genannten „Paradigma" der Organisation. Die Ebenen bedingen sich gegenseitig und wirken aufeinander zurück. Ein Symbol wird über kurz oder lang einen Einfluss auf die Basisannahmen haben, und diese wieder auf Normen und Standards, diese auf Symbole und Zeichen etc.

Ausgangspunkte für eine befähigende Risikokultur?

Nun kann man das Modell nutzen, um die Risikokultur zu Rahmen und im Rahmen ihres zirkulären Zusammenhanges spezifisch alle drei Ebenen simultan zu gestalten. Wohlgemerkt ist die Kultur nicht kontrollierbar, aber es können Designinputs gegeben werden, deren Resonanz in der Organisation zu beobachten und als Feedback systematisch wieder für die weitere Gestaltung zu berücksichtigen ist.

Auf Ebene der *Symbole & Zeichen* spielen sichtbare Artefakte eine Rolle – so Sprache, Rituale, Kleidung, Umgangsformen. Hieran schließen sich zum Beispiel die Anreizgestaltung, Heroisierung/Mythenbildung, sichtbare Auszeichnungen, Unternehmensgeschichten, Image-Kampagnen, Unternehmenspublikationen, etc. an. Alles, was die Organisation materiell und als Kommunikationsgegenstand hervorbringt, kann symbolisch erfasst und als Zeichen gedeutet werden (siehe auch Blumer's Symbolischen Interaktionismus 1973). Bei der Risikokultur zählen z. B. der Risikobericht dazu, die Symbolik für den RM-Prozess, die Kennzeichnung der Risiko-Champions und Risiko-Eigner, die eingesetzte Software, die symbolische Inszenierung der RM-Workshops, etc.

Auf der Ebene der *Standards* lassen sich Maximen, Ideologien, Verhaltensrichtlinien und Verbote anführen – „Wie man es eben so macht" in der Organisation. Hier zu nennen sind sicher die Spielarten der Leitbilder, Verordnungen, Prozessbeschreibungen, die formale Hierarchie und der Dienstweg, definierte Code-of-Conducts, usw. Eher zu den *Normen* gehören Erfolgsgeschichten, die Konzepte des angewendeten Wissensmanagements (z. B. Open Spaces und World Cafés), die Art und Weise der konkreten Zusammenarbeit, aber auch tiefer gehende Techniken der Organisationsentwicklung, z. B. durch Interventionen von Beratern. Für die Risikokultur sind dies alle formalen Beschriebe und Prozessregelungen, aber auch die Weisen, wie man in der Organisation eben diese Prozesse ausführt, befolgt (oder auch nicht), interpretiert oder anpasst. Das Industrieunternehmen Oerlikon z. B. formuliert: *„Die Risikokultur bei Oerlikon wird durch den Verhaltenskodex, die Ausbildung, den Erfahrungsaustausch, die fortlaufende Umsetzung des Risikomanagement-Prozesses und die Vorbildfunktion der Konzernleitung und des Senior Management ausgestaltet"* (Oerlikon 2014, S. 86).

Im Bereich der *Basisannahmen* spielen dann die weitgehend unreflektierten Annahmen über Umwelt, Wahrheit, Zeit, Wesen und Rolle des Menschen und der sozialen Beziehungen die zentrale Rolle. Dies ist die tief greifendste Ebene und bezeichnet das, „wie man die Welt hier eben sieht" und kommt bei Paradigmenwechseln und interkulturellen Spannungen besonders zum Ausdruck. Für die Risikokultur sind dies z. B. die Annahmen über den Wahrheitsgehalt von Informationen, von relevanten Anspruchsgruppen, über die Art der Verhandlungsprozesse in der Organisation und Risikomanagementabläufe, sowie die tieferen

Gründe der Zusammenarbeit der Risikomanagenden, etc. Diese Ebene ist am wenigsten steuerbar, aber doch gestaltbar. Hier entfalten dann z. B. umfangreiche Programme im Bereich „Diversity Management" oder im Bereich „Nachhaltigkeitsmanagement/Corporate Social Responsibility" ihre Wirkung, auch wenn diese nie genau vorhersehbar ist. Die Basisannahmen wirken im gesamten Managementsystem. Spezifisch für die Risikokultur sind die Ausprägung von Risikobereitschaft, das Mass an akzeptierter Aggressivität, dem Bedürfnis an Stabilität, der Menschen- und Zielorientierung, der Verbindlichkeit von Absprachen, Terminen, und Informationen, etc.

In einer befähigenden Risikokultur wird das RM-System durch diese unterstützt. Dem Ideal der offenen Kommunikation kommt man etwas näher, auch wenn es nie erreicht werden kann (Meissner et al. 2014). Je nach Unternehmen sollten die relevanten Kulturaspekte sauber herausgearbeitet werden. Dies erfordert fortgeschrittene Analysemethoden und kann gut unter Einbezug von Organisationsberatung angegangen werden. Letztlich muss aber die Organisation ihrer Maßnahmen selber implementieren.

3.4 Risikoappetit – richtig definiert eine sinnvolle Entscheidung

Den Risikoappetit zu definieren ist grundsätzlich die erste und wichtigste Entscheidung beim Aufbau eines RM. Es geht ja letztlich darum, den tatsächlichen Gesamtrisikoumfang möglichst nahe an den Risikoappetit zu steuern bzw. anschließend dort zu halten. Dies scheint auf den ersten Blick sehr einfach. Es muss lediglich folgende Frage beantwortet werden: Wie viel Risiko ist ein Unternehmen bereit bewusst einzugehen, damit es eine angemessene oder anzustrebende Rendite erzielen kann? Die Erfahrungen in der Praxis zeigen allerdings, dass diese Frage nur sehr schwer bis gar nicht beantwortbar zu sein scheint. Folgende Gründe sind dafür verantwortlich: Der Begriff Risikoappetit wird oft unklar oder missverständlich definiert. Häufig wird fälschlicherweise davon ausgegangen, den Risikoappetit berechnen bzw. aus den Daten im RM quantifizieren zu müssen. Das ist allerdings ein Trugschluss, der sich in der Praxis hartnäckig hält. Risikoappetit hat nichts mit der Risikobewertung oder einer Berechnung zu tun. Risikoappetit ist eine Beurteilung der Unternehmensleitung bzw. des Risikokomitees, welcher Gesamtrisikoumfang aus Sicht der Anspruchsgruppen maximal akzeptierbar ist. Dies ist ein schwieriger Prozess und erfordert viel Diskussion und Konsensbereitschaft (KPMG 2008).

Weiter wird in der Praxis der Risikoappetit oft mit der Risikotoleranz (Synonym: Risikokapazität) gleichgestellt, obwohl es unterschiedliche Konzepte sind. Der Risikoappetit leitet sich von den Zielen des Unternehmens ab; es ist eine Aussage, wie viel Risiko das Unternehmen bez. Märkten, Dienstleistungen, Produkten etc. gewillt ist einzugehen, um die von den Anspruchsgruppen gewünschte Rendite zu erreichen. Die Risikotoleranz hingegen ist das Maximum an Risiko, das ein Unternehmen tragen kann, damit es nicht illiquide oder insolvent wird, die gesetzlichen Auflagen nicht mehr erfüllen oder den Verpflichtungen gegenüber den Kunden und Lieferanten nicht mehr nachkommen kann.

Schließlich fällt es dem Aufsichtsorgan oft schwer, sich auf einen Konsens bez. Risikoappetit zu einigen. Die Transparenz in Bezug auf den Risikoumfang schafft möglicherweise eine unangenehme Transparenz, Überprüfbarkeit und Verletzlichkeit. Stellt sich z. B. heraus, dass der aktuelle Risikoumfang den definierten Risikoappetit deutlich überschreitet, kann das zu unangenehmen Situationen und Rechtfertigungen führen. Eine nachträgliche Anpassung des Risikoappetits an den Risikoumfang schmälert allenfalls die Glaubwürdigkeit des ganzen RM-Programms erheblich. Damit es gar nicht zu einer unrealistischen Definition des Risikoappetits kommen kann, ist es sinnvoller, den tatsächlichen Risikoumfang zu kennen.

Die Nutzenkomponenten eines diesbezüglichen Entscheids sind mehrdimensional. Einerseits ist es ein Instrument, um Entscheide vor dem Hintergrund einer Risiko-Chancenabwägung rationaler zu treffen. Die Konsequenzen eines Entscheids in Bezug auf das „Hinzufügen von Risiko" zum Gesamtrisiko werden transparenter: Lässt es der Risikoappetit zu, neue Opportunitäten angehen zu können? Stellt sich heraus, dass ein Unternehmen zu wenig Risiko eingeht und so strategische Optionen nicht ausschöpft? Der Risikoappetit stellt zudem eine Leitlinie für die strategische Planung und den Budgetierungsprozess dar und ermöglicht eine höhere Konsistenz in beiden Prozessen. Weiter kann eine effektive Kommunikation des Risikoappetits im gesamten Unternehmen zur Stärkung einer angemessenen Risikokultur beitragen. Es wird ein Bewusstsein geschaffen, dass das Eingehen von Risiken stets an der maximal möglichen Risikokapazität reflektiert wird und Risiko per se nicht zu vermeiden ist. Auch die externe Kommunikation des Risikoappetits kann Nutzen schaffen: Die Transparenz gegenüber den Anspruchsgruppen trägt zu einem besseren Erwartungsmanagement bei. Die Bemühungen zu einer guten Corporate Governance werden sichtbar, was durchaus Signalwirkung haben kann, denn ein reifes RM mit einem klaren Bekenntnis zu Risiko schafft Vertrauen (Willis 2015, S. 5). Schließlich wird die Risikoberichterstattung an das Aufsichtsorgan deutlich aussagekräftiger – der Vergleich zwischen dem Risikoappetit und dem Gesamtrisikoumfang ist wahrscheinlich eine der wichtigsten Informationen für die Unternehmensleitung im RM-Report überhaupt (KPMG 2008, S. 10).

Der Risikoappetit kann grundsätzlich mehrdimensional definiert werden, d. h. es können maximal akzeptierbare Grenzen für den Unternehmenswert, die Reputation, das Umsatzwachstum, die Cash Flow-Stabilität, den Gewinn pro Aktie, das Ratinglevel u. ä. gesetzt werden. Es ist empfehlenswert, vor dem Risikoappetit-Meeting bereits einige Daten und Informationen zur Verfügung zu haben. Idealerweise bringt der Risikomanager eine Dokumentation zum Gesamtunternehmensrisiko, zur Risikobewertung aller Top-Risiken mit verschiedenen Szenarien sowie bereits einige Vorschläge zur Risikoreduktion mit zum Meeting. Vorschläge für Risikomaßnahmen sind wichtig, falls ein Risikoappetit definiert wird, der deutlich kleiner als der Risikoumfang ausfällt. So hat das Aufsichtsorgan bereits Lösungsansätze, wie der definierte Risikoappetit innert nützlicher Frist erreicht werden kann (Segal 2011, S. 231 f.). Nachfolgend wird am Beispiel eines Schweizer Reiseunternehmens beispielhaft erläutert, wie ein Risikoappetit entwickelt bzw. formuliert werden kann.

Beispiel

Das Risikokomitee eines Schweizer Reiseunternehmens, bestehend aus fünf Mitgliedern (CEO, Risikoverantwortlicher Geschäftsbereichsleiter A, Geschäftsbereichsleiter B, Risikomanager, Finanzvorstand) hat den Auftrag, einen Vorschlag für den Risikoappetit auszuarbeiten. Es ist dafür ein halbtägiges Meeting eingeplant, wo darüber beraten wird. Es wurde in vorhergehenden Meetings bereits vorbesprochen, auf welche Risikoparameter sich der Risikoappetit beziehen soll. Mit diesen Rahmenbedingungen kann das Meeting nun durchgeführt werden. Der Risikomanager spielt eine entscheidende Rolle in der Moderation dieser heiklen Diskussion. Er ist sich bewusst, dass die anwesenden Personen aus dem Risikokomitee verschiedene Rollen, Perspektiven sowie Interessen vertreten, was die Konsensfindung zur schwierigen Aufgabe machen kann. Nach einer intensiven Diskussion wurde folgender formaler, bewerteter Risikoappetit definiert, der noch vom Aufsichtsrat abgesegnet werden muss.

Insgesamt wurden fünf Risikoparameter definiert, wobei man sich jeweils auf ein Szenario geeinigt hat, das die „Schmerzgrenze" des Unternehmens darstellt (vgl. Tab. 3.1). In einem nächsten Schritt beurteilte das Komitee die bereits bekannten Wahrscheinlichkeiten für das Eintreten der jeweiligen Szenarien in den nächsten zwölf Monaten. Diese Berechnungen hat der Risikomanager bereits vor dem Meeting erstellt. Weiter hat das Risikokomitee entschieden, weiche und harte Grenzen zu definieren. Weiche Grenzen können

Tab. 3.1 Definition Risikoappetit

Risikoparameter	Weiche Grenze (Jahreswahrscheinlichkeit) (%)	Harte Grenze (Jahreswahrscheinlichkeit) (%)	Aktuelle (Jahreswahrscheinlichkleit) (%)
Durchschnittlicher Umsatzverlust >10 % des vergangenen Drei-Jahres-Durchschnitts	5	20	7
Unternehmenswertverlust von >20 %	3	10	2
Ratingherabstufung um 1 Level	10	15	11
Reputationsverlust um >20 Indexpunkte	2	5	6
Gewinn je Aktie <50 Cent	10	20	5

kurzzeitig überschritten werden, falls damit eine lohnenswerte Opportunität verfolgt werden kann. Harte Grenzen im Gegensatz dürfen zu keinem Zeitpunkt überschritten werden. Falls doch, muss der Risikoumfang durch Maßnahmen entsprechend reduziert werden. In Tab. 3.1 wird ersichtlich, dass bei zwei Risikoparametern die weiche Grenze überschritten wird (Umsatz, Rating), beim Reputationsverlust sogar die harte Grenze.

Der Risikoappetit muss selbstverständlich immer wieder an neue Gegebenheiten angepasst werden. Das erfordert ein regelmäßiges, mindestens aber jährliches Überprüfen sowie ad-hoc Prüfungen bei sich abzeichnenden Veränderungen der Risikolandkarte (z. B. durch Zukäufe, Markteintritte, neue Wettbewerber).

3.5   Risikomanagement und Organisation – wer macht was?

Die Art wie ein RM organisiert werden soll, wird vor allem durch die Größe und Komplexität des Unternehmens, der operativen Tätigkeit, der Risikoexposition sowie eventuell vorhandener Managementsysteme bestimmt (Merna und Faisal

2005). Kleine Unternehmen sind häufig überblickbar strukturiert und werden transparent gesteuert. In dieser Situation kann ein einfacher RM-Prozess, der in die Führungsstruktur eingebaut ist, bereits genügen. In großen und je nach Tätigkeit auch in mittleren Unternehmen können sehr komplexe Unternehmensstrukturen bestehen und es existieren meist eigenständige RM-Strukturen (Denk und Exner-Merkelt 2005). Die Verantwortung des RM liegt in der Unternehmensführung. Die Umsetzung wird von ihr an das RM delegiert. Die fachliche Umsetzung wird durch speziell ausgebildetes Personal übernommen und eine unabhängige Instanz kann schließlich zur Prüfung herbeigezogen werden (Brühwiler 2007, S. 165 ff.).

Die Organisation des RM ist dabei eine Frage der Routinisierung der RM-Aktivitäten. Neben der formalen Organisation werden über organisationalen Routinen und Praktiken auch die Risikokultur und die Effektivität des gesamten RM-Prozesses gekoppelt. Diese Kopplung kann je Unternehmenscharakter unterschiedlich sein. In den Praktiken zeigt sich dann das reale Aufteilen, Sammeln, Verteilen der Risiken sowie die entsprechende Adressierung der Risikoeigenschaften (Miller et al. 2008). So zeigt sich z. B., dass kleinere und mittlere Unternehmen bei ihrem RM auf die operative Managementebene setzen und Spezialthemen gemeinsam mit Externen bewältigen – das Enterprise Risk Management gleicht hier eher einem „Value Network Risk Management" (Meissner 2016). Große Unternehmen können alle Ressourcen entsprechend integrieren, und somit diese Kompetenz intern ausprägen – mit dem Metarisiko, dass Risiken durch Betriebsblindheit, bestehende Mikropolitik oder „mangelndes" Durchsetzungsvermögen nicht gesehen, bewusst ausgeblendet oder schlicht ignoriert werden (Hunziker und Rautenstrauch 2011). Dann gleicht die Funktion des Risikomanagers dem des einsamen Rufers in der Wüste.

Die gemeinschaftliche Performanz in einem funktionierenden RM-System ist eine kollektive Errungenschaft des Managements (Rüegg-Stürm und Grand 2015), und wandelt die grundsätzliche Fragilität jeden Kommunikations- und Handlungsstranges in eine spezifische Robustheit um, die man dann als Organisation bezeichnen kann. Etlichen Fällen des angeblichen „Versagens" des RM liegt zugrunde, dass es die Verantwortlichen nicht geschafft haben, eine entsprechend anschlussfähige, organisationsmäßige Routinisierung zu etablieren.

Man kann einige grundsätzliche Strukturierungsprinzipien vorschlagen, welchen die Möglichkeit zur besseren Strukturierung des RM zugrunde liegt (vgl. Abb. 3.3).

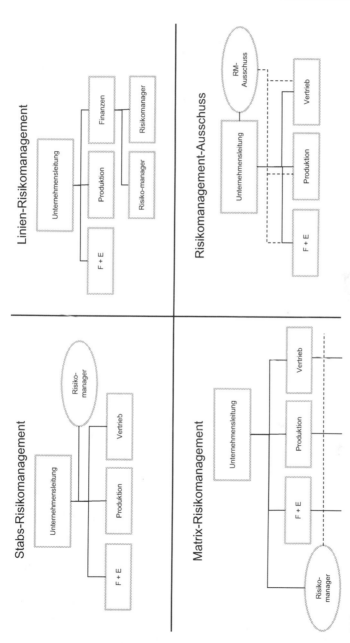

Abb. 3.3 Organisationsvarianten des Risikomanagements (In Anlehnung an Vahs 2015)

Die Chefsache

In Kleinst- und Kleinunternehmen mit extrem flachen Hierarchien ist das Risikomanagement in der Regel Aufgabe der Geschäftsleitung, weil sie sich bereits mit der Unternehmenssteuerung befasst. Häufig sind Risiken aus der Erfahrung bekannt, eben so wie die Tragfähigkeit von Unternehmen und Eigentümern. Im Falle des Familienunternehmens wirkt das Familienvermögen wie ein zwar externer, aber doch mitgedachter Puffer, der jedoch formal und buchhalterisch nie in Erscheinung tritt. Neben der Geschäftsleitung müssen vorerst keine zusätzlichen Strukturen geschaffen werden. Diese Lösung ist effizient, weil die Vorteile des „Einliniensystems" für das RM überwiegen: Überschaubares System mit eindeutiger Regelung der Unterstellungsverhältnisse, klare Zuordnung von Aufgaben, Verantwortung und Kompetenzen; dadurch geringes Risiko von Konflikten, gute Kontrollmöglichkeiten, wenige Schnittstellen, bzw. gut über zentrale Personen integrierte Schnittstellen. Dem stehen als Nachteile die starke quantitative und qualitative Belastung der Unternehmensführung, die Betonung von Hierarchiedenken und Positionsmacht, und die ausgeprägte Abhängigkeit der nachgeordneten Stellen von der Geschäftsleitung gegenüber. Bei sehr hoher Spezialisierung oder ab einer gewissen Größe ist es jedoch empfehlenswert, eigene Instanzen zum RM zu schaffen, deren Größe und Zusammensetzung sich nach Tätigkeit des Unternehmens richten (Hirschi et al. 2011, S. 45).

Der Stab soll es lösen

Eine erste Instanzenbildung kann durch die Einrichtung des RM als Stabsstelle („Stabs-RM") erfolgen. Die Stelle untersteht direkt der Unternehmensleitung. Auch in dieser Lösung liegt eine einfache, überschaubare Struktur vor, jedoch mit der Ergänzung einer besseren Informationsverarbeitungskapazität der Unternehmensleitung. Stäbe ermöglichen durch das Managen von Expertise einen höheren Spezialisierungsgrad, dadurch findet eine fachliche und quantitative Entlastung der Instanzen statt und die Koordinationsfähigkeit des Systems wird erhöht. Der Risikomanager verfügt durch die Nähe zur Leitung über einen relativ hohen Grad an informeller Macht und Autorität, was aber häufig auch zu einer geringen Akzeptanz gegenüber dem „Wachhund des Chefs" führt. Zudem wird mit der Stabsfunktion die Kommunikation zersplittert: fachliche Informationen laufen über den Stab, administrative Informationen den bisherigen Weg. Diese beiden Ebenen auseinander zu halten, ist voraussetzungsvoll und erfordert Übung und Geschick. Die Kommunikations- und Weisungswege werden also länger und hinsichtlich der Informationsverfälschung anfälliger. Die starke Abhängigkeit der Risikomanagenden von der übergeordneten Stelle, der Trend zur Formalisierung

und Bürokratisierung der Kommunikation durch den Stab, sowie die Unüber-
sichtlichkeit von denkbaren Stabshierarchien sind weitere Schwachpunkte dieses Systems. Der Stab sei ein zahnloser Tiger, der zum Wasserkopf neige, so die
generalistische Kritik an diesem System. Dennoch muss man würdigen, dass ein
Unternehmen überhaupt erst durch einen solchen Schritt imstande sein dürfte, ein
Enterprise Risk Management aufzubauen.

Risikomanagement über die Linienstellen
Eine weitere Variante ist der Aufbau des RM direkt über die Linie. Die RM-Funk-
tion ist direkt einer Organisationseinheit unterstellt. Häufig ist dies die Finanzab-
teilung, weil viele Risiken entweder finanzieller Art sind oder in Finanzeinheiten
gemessen werden können. Die Linie bringt Klarheit, Eindeutigkeit, und kann
meist auf einen sehr guten Organisationsgrad zurückgreifen. Aufgaben, Verantwortung und Kompetenzen sind geregelt. Jedoch stellt die Linie auch heute noch
genau das „Silo" dar, aus welchem das RM seit langem versucht auszubrechen.
Eine starke quantitative und qualitative Belastung der Leitungsstelle und insbesondere der Leitungsspitze, zusammen mit langen Kommunikationsprozessen,
der Gefahr der Informationsverfälschung, der Betonung von Hierarchiedenken
und der Gefahr von Überorganisation durch zu viele Regelungen sind deutliche
Nachteile dieses Prinzips. Diese Nachteile laufen dem Ansatz des Enterprise Risk
Managements diametral entgegen, weshalb RM in einer Linienfunktion nicht die
erste Wahl sein sollte.

Matrix-Risikomanagement
Die Form des Matrix-RM bietet sich an, um die Leitungsspitze zu entlasten,
direkte Kommunikationswege mit der Möglichkeit vielfältiger Koordination
zu fördern, Spezialisierungsvorteile möglich zu machen, und produktive Konflikte auszulösen, die bereichsübergreifendes Denken und Teamarbeit möglich
machen. Hierarchisches Verhalten wird hier nicht ausgeblendet, aber durch die
Trennung von verschiedenen Kompetenzen pro Leitungsdimension (z. B. fachlich
und administrativ) wird die „Wucht" des übergeordneten Befehls abgemildert.
Die Unabhängigkeit und Freiheitsgrade der untergeordneten Position ist größer,
somit kann sich Expertise insofern freier entfalten, als dass sie per Anweisung
schlechter ignoriert werden kann. Eine Matrixorganisation lässt immer einen
zweiten Kommunikationsweg zu, und erhebt das Vier-Augen-Prinzip zum Gebot.
Zum Managen von Risiken in heiklen und sensitiven Bereichen ist dies nicht die
schlechteste Variante.

Das Matrix-RM birgt aber strukturelle Risiken, die ein Organisationsversagen (im Sinne einer Regelungslücke) begünstigen. Das Matrixsystem bringt als aufgrund der vielen Schnittstellen eine kommunikationsintensive Struktur und somit umfangreichen Abstimmungsbedarf mit sich. Konflikte und Widersprüche gehören zum Alltag, Kompetenzen der einzelnen Instanzen und Rollen müssen häufig revidiert und überarbeitet werden und sind letztlich nie stimmig. Das macht die Matrix zwar zur informationsintensivsten, aber nicht zur schnellsten Struktur. Bei den auftretenden Kompetenzkonflikten wird häufig der Ruf nach eindeutiger Regelung laut. Dabei läuft auch immer der Drang zur formalen Definition mit, was zwangsläufig eine Bürokratisierungstendenz mit sich bringt. Anhand formaler Regeln werden die Konflikte aber nur bedingt zu befrieden sein. Wichtiger ist die Möglichkeit zur Selbstabstimmung und Konfliktfähigkeit aller Beteiligten. Diese hohen Anforderungen an die Kooperations- und Teamfähigkeit macht sie zu einer anspruchsvollen Struktur. Sofern sie gebändigt werden kann, hält sie für ein RM-System eine willkommene Informationsfülle bereit.

Risikomanagement-Ausschuss

Als letztes kann die Unternehmensleitung ein RM–Ausschuss bilden. Dieser erhält den Auftrag, die Kompetenzen, Ressourcen und Befugnisse, damit er die Aufgabe wahrnehmen kann. Der Ausschuss bündelt den fachlichen Sachverstand, in dem jeder Funktionalbereich seinen Vertreter zur Mitwirkung sendet. Die Umsetzung der gemeinsamen Beschlüsse wird nicht durch Akzeptanzprobleme in den Linienabteilungen blockiert. Der Arbeitsbereich des Gremiums bleibt dabei in sich geschlossen, klar abgrenzbar und damit gut kontrollierbar. Der Ausschuss ist aber auch nicht gefeit vor Bereichsegoismen und suboptimalen Lösungen aufgrund von Mikropolitik (der „Kuhhandel"). Die auf regelmäßige Ausschuss-Sitzungen fokussierte Zusammenarbeit führt darüber hinaus zu einem Perioden-denken, in dem die kontinuierliche Themenbearbeitung nur schwer umgesetzt werden kann. Nach dem Stabs-RM ist diese Form mit am Häufigsten anzutreffen, da sie den Aufbau eines Enterprise Risk Managements bis zu einer gewissen Unternehmensgröße gut abbilden kann, und die Leitung vorerst keine neuen Stellen schaffen muss. Der kritische Schritt zu einem weiter professionalisierten RM ist dann die Aufwertung der Ausschussaktivitäten mit zusätzlichen Ressourcen und Entscheidungsstrukturen.

Somit liegen die denkbaren Strukturalternativen vor. Einstiegsvarianten sind die „Chefsache", das Stabs-RM, sowie der RM-Ausschuss. In weiter ausgebauten Varianten kommt dann das klassische Linien-RM oder das weiter entwickelte Matrix-RM zum Tragen. Wichtig bleibt die Information, dass die formale

Organisationsstruktur hinsichtlich ihrer effektiven Wirkung immer von der informellen Interpretation der Organisationsmitglieder abhängig bleibt. Die Struktur
stellt ein Angebot dar, die das RM positiv oder negativ beeinflussen kann. Empfehlenswert scheint es zu sein, mit einer Struktur zu starten, welche die Übersicht
begünstigt, und Silodenken weitgehend ablehnt.

Zentrale Rollen in der Risikomanagement-Organisation
Jedes Managementsystem spiegelt sich in essenziellen Rollen wider, die verschie-
denen Organisationsangehörigen und -einheiten zugewiesen werden (s. Tab. 3.2).
Diese Rollen können meist flexibel ausgestattet und angepasst werden, solange
sie ihren zentralen Zweck erfüllen. Bei jeder Rolle kommt das organisationale
Kongruenzprinzip zum Tragen, das bedeutet, dass Aufgaben, Kompetenzen und
Verantwortlichkeiten in einem angemessenen Verhältnis stehen müssen. Unter
Aufgaben werden hier die zielgerichteten Tätigkeiten, unter Kompetenzen die
formalen Rechte und Befugnisse, und unter Verantwortlichkeiten die zugestan-
dene Verbindlichkeit und Ernsthaftigkeit der Stelle verstanden. In der Praxis liegen diese drei Teilaspekte häufig im Argen. Jeder Organisationsberater und auch
jeder erfahrene Manager wird diese bei der Neugestaltung einer Struktur relativ
zügig in den Blick nehmen. Als zentrale Rollen für ein modernes RM können folgende genannt werden:

Mit der Organisation gegen die Organisation
Mit der Organisation des RM bewirtschaftet das Unternehmen einen zuvor weniger gut erkennbaren Managementbereich durch ein umfangreiches System und
eine breite abgedeckte Verantwortlichkeit. Somit werden Informationen organisiert und neues (aktuelleres und dynamischeres) Wissen um die zentralen Risi-
kopositionen erzeugt. Das unweigerliche Problem jeder reifenden Fachdisziplin
besteht darin, dass sie neben der fachlichen Expertise notwendigerweise einen
„blinden Fleck" erzeugt, also einen Bereich des Nicht-Wissens und Nicht-
Wissen-Könnens. Die Spezialisierung im Bereich Fachwissen ist zentral für
die Erhaltung der strategischen Erfolgsposition. Somit darf diese nicht einge-
schränkt werden. Jedoch wäre es falsch zu glauben, dass die Risikomanagenden
daher nicht versuchen sollten, die blinden Flecken aufzudecken und mit geeigneten Diskursen und Maßnahmen zu versehen. So hätten prominente Unterneh-
menskrisen besser bewältigt werden können. Bereichsfokussiertes Denken und
blinde Flecken deckt man durch eine inter- oder gar transdisziplinäre Arbeitsweise im RM auf, z. B. den divers besetzten RM-Workshop, den systematisch
einbezogenen externen Methodenberater, den vielfältig besetzen RM-Ausschuss,

Tab. 3.2 Zentrale Rollen im Risikomanagement

Rolle	Verantwortlichkeit
Risikoeigner	Zeichnet verantwortlich für die Risiken seines Prozessbereichs und erlässt spezifische Maßnahmen zur Beobachtung, Kontrolle und Überwachung derselben, in Übereinstimmung mit dem übergeordneten RM-System. Die zentralen Informationen finden sich im Risikoreport der Organisation.
Risikomanager	Verantwortlich für die konkrete Risikobeobachtung und -behandlung. Rapportiert Ergebnisse und Maßnahmenvorschläge an den Risikoeigner. Arbeitet in der Regel auf Grundlage des gegebenen RM-Prozesses und des entsprechenden RM-Systems.
Risk Champion oder Risikoexperte	Verfügt über langjährige Erfahrungen bezüglich des RM eines bestimmten Geschäftsprozesses oder kennt ein spezifisches Risiko sehr genau. Die fachliche oder organisationale Expertise ist maßgeblich für die möglichst korrekte Bewertung der Risiken. Die Rolle des Risikoexperten muss nicht zwangsläufig eine interne sein.
Corporate oder Enterprise Risk Manager	Pflegt das übergeordnete RM-System und definiert den RM-Prozess zu Handen der Unternehmensführung. Sorgt für das Ausrollen der entsprechenden Grundlagen innerhalb der Gesamtorganisation und ist um die Durchsetzung der Risikopolitik besorgt. Behandelt Schnittstellenprobleme bei fragmentierten RM-Landschaften, z. B. bei zugekauften Unternehmensteilen.
Funktionsverantwortliche	Diese Rolle ist daher wichtig, weil ein RM-System nur im Ausnahmefall als alleinstehendes System anzutreffen sein wird. Wie auch im Fall des Qualitätsmanagements ist das RM maßgeblich von den Informationen und Managementinstrumenten anderer Funktionsbereiche abhängig, zum Beispiel vom (unternehmensweiten) Compliance Management, Sicherheitsmanagement, etc.

(Fortsetzung)

Tab. 3.2   (Fortsetzung)

Rolle	Verantwortlichkeit
Prozessmethodenberater	Verfügt über Methodenwissen zur effektiven Bewältigung von RM-Fragestellungen, insbesondere hinsichtlich des Wissensmanagements und der Managementimplikationen des RM-Systems. Diese Rolle unterstützt zum Beispiel beim Change Management bei der Neueinführung eines RM-Systems, bei der Durchführung von RM-Workshops, bei Kommunikationsangelegenheiten im RM etc. Zumeist ist dies eine externe Rolle.

die Gewährleistung eines potenziell transparenten Systems und Prozesses. Diese Interdisziplinarität ist eine essenzielle Notwendigkeit und kein „nice-to-have". Eine robuste und resiliente RM–Organisation ist ausfallsicher *und* vorbereitet, wozu auch die systematische Bearbeitung aktueller und neu auftretender blinder Flecken gehört.

3.6   Gleichberechtigung der Risikokategorien (Mythos Finanzrisiken)

Die Frage nach der Risikokategorisierung ist keine neue. Dennoch bereitet sie in der Praxis Probleme und führt je nach Klassifizierung zu Missverständnissen und falschen Entscheiden im RM. Die Möglichkeiten zur Kategorisierung scheinen beinahe unbegrenzt zu sein. So kann u. a. zwischen Einzelrisiken und Portfoliorisiken, Geschäftsrisiken und Finanzrisiken, quantifizierbaren und nicht quantifizierbaren, endogenen und exogenen Risiken, strategischen und operativen Risiken, Erfolgsrisiken und Liquiditätsrisiken, versicherbaren und nicht versicherbaren Risiken unterschieden werden (Diederichs 2012, S. 55; Romeike 2005, S. 20). Einige Risiken lassen sich je nach Klassifizierungsschema nicht eindeutig einer einzelnen Kategorie zuordnen, da eine trennscharfe Abgrenzung nicht möglich ist. Die Risikokategorisierung ist aber dennoch ein wichtiges Hilfsmittel bei der Risikoidentifikation. Für eine erste Grobeinteilung und für die Zwecke der weiteren Argumentation in diesem *essential* wird vorgeschlagen, zwischen strategischen, operativen und finanziellen Risiken zu unterscheiden. Die Erfahrungen in der Praxis haben gezeigt, dass sich diese Grundkategorisierung bewährt hat und Risiken in der Regel ursachenorientiert einer der Kategorien zugeteilt werden können. Verschiedene Entwicklungen in jüngster Zeit zeigen eindrücklich, dass das Interesse an RM z. B. in Schweizer Unternehmen zu Recht stark angestiegen ist. Eine Auswertung der Vielzahl an Fachbeiträgen und Zeitungsartikeln zum Thema zeigt jedoch, dass sich die Debatte über RM in den letzten Jahren vorwiegend um die Relevanz finanzieller Risiken gedreht hat, oft in Verbindung mit der Finanzindustrie. Auch die Finanz- und Währungskrise hat dazu beigetragen, modellbasierte, in der Regel mit historischen Daten gefütterte RM-Systeme deutlich kritischer zu beurteilen. Besonders Finanzinstitute sind dadurch Zielscheibe stetig wachsender regulatorischer Anforderungen, z. B. im Bereich der Eigenkapitalunterlegung, geworden. Aber auch in anderen Industrien ist das finanzielle RM wichtiger geworden. Die aktuelle „Währungskrise" hat viele Schweizer Exportunternehmen in Bedrängnis gebracht. Ein bewussterer Umgang mit Währungsrisiken und Maßnahmen zur Schadensbegrenzung werden wichtiger. Zusätzlich beeinflusst auch die Kreditvergabepraxis von Banken Unternehmen in ihren Bestrebungen, Risiken proaktiver zu bewirtschaften. Da sich viele KMU über klassische Firmenkredite finanzieren, ist es u. a. wichtig, ein angemessenes RM zu betreiben (Hunziker und Arnautovic 2011, S. 28).

Es stellt sich die Frage, ob das Management finanzieller Risiken tatsächlich für die meisten Nicht-Finanzunternehmen Priorität haben muss. Segal (2011) spricht sogar von einem Mythos der Wichtigkeit finanzieller Risiken (S. 28). Der systematische Umgang mit Finanzrisiken ist zweifelsfrei wichtig, aber macht für die meisten Nichtfinanzorganisationen nur einen kleinen Anteil vom ganzen Risikoportfolio aus, was Studien von z. B. Hunziker (2014), Mercer (2000), PwC (2008) und Segal (2011) eindrücklich zeigen. Werden die in den Studien genannten Risiken in die drei oben genannten Risikokategorien Strategie, operatives Geschäft und Finanzen eingeteilt, wird ersichtlich, dass an erster Stelle klar die strategischen Risiken (Chancen) stehen, gefolgt von den operativen Risiken. In allen Studien sind die finanziellen Risiken am wenigsten erfolgskritisch bzw. weisen im Risikoportfolio das kleinste Schadenspotenzial auf. Weiter lässt sich die Dominanz strategischer Risiken mit der Bewertung von Unternehmen am Kapitalmarkt argumentieren. So zeigen Smit und Trigeorgis (2004) in ihren Berechnungen auf, dass je nach Industrie der Wert eines Unternehmens zwischen ca. 45 % und 90 % in künftig auszunutzenden strategischen Optionen (=Risiko-Chancen-Abwägungen) besteht (S. 6). Strategische Realoptionen (Chancenpotenziale) sind somit ein zentraler Werttreiber am Kapitalmarkt, ganz anders als Finanzrisiken. Die wichtigsten Risikoursachen lassen sich also eindeutig in der

Unternehmensstrategie bzw. dessen Umsetzung eruieren. Solche Risiken und Chancen liegen zum Beispiel im technologischen Wandel, in der Digitalisierung von Geschäftsmodellen, in sich ändernden Kundenbedürfnissen, in regulatorischen Entwicklungen, in der wachsenden Konkurrenz oder in Fehlentscheidungen der strategischen Projektpriorisierung.

In der Praxis liegt der Fokus vieler RM-Systeme zu stark auf dem Management finanzieller Risiken, was durch folgende Gründe erklärt werden kann: Einerseits wird es in der Praxis als schwierig bis unmöglich erachtet, strategische Risiken zu bewerten, d. h. in Zahlen auszudrücken. Es wird argumentiert, dass sich die quantitativen Methoden des finanziellen RM nicht einfach auf diese Risikokategorie übertragen lassen. So würden fehlende historische Daten, zu komplexe Ursache-Wirkungsketten, keine Anwendungsmöglichkeiten stochastischer Modelle sowie fehlende Fachliteraturen die Bewertung strategischer Risiken verunmöglichen. Andere Ansätze wie z. B. Szenarioanalysen, die oft auf Intuition und Erfahrung von Menschen basieren, sind teilweise zu wenig bekannt und können nicht vom Risikomanager „berechnet" werden. Ein zweiter Grund liegt in der gefährlichen Verwechslung von Ursache und Wirkung eines Risikos. Menschen tendieren dazu, an die Konsequenzen von Risiken und Chancen zu denken: Was geschieht, wenn ein Risiko eintritt? Was hat es für Auswirkungen auf meinen Verantwortungsbereich? Wie wirkt sich das Risiko finanziell aus? Risiken, deren Ursachen eigentlich im strategischen oder operativen Bereich zu suchen sind, haben letztlich immer finanzielle Konsequenzen und werden deshalb oft als Finanzrisiken klassifiziert. RM muss aber bei den Risikoursachen ansetzen, um eine effektive und rechtzeitige Steuerung zu gewährleisten: Wo müssen präventive Maßnahmen, d. h. Frühwarnindikatoren, implementiert werden, damit es nicht zur finanziellen Konsequenz kommt, ist die korrekte Frage. Es geht darum, den identifizierten Risikoevent in eine plausible Geschichte, d. h. in eine Ursache-Wirkungskette einzubetten. Die Ursache, die an erster Stelle der Geschichte steht, ist oft der richtige Ansatzpunkt, um Risikomaßnahmen zu definieren.

Als letzten und wohl auch als wichtigsten Grund sind die Aus- und Weiterbildungen bzw. beruflichen Erfahrungen vieler Risikomanager anzuführen. In der Regel ist ein RM bzw. der Fokus auf spezifische Risikokategorien und die angewendeten Methoden stark durch den Risikomanager geprägt. Oft sind es Spezialistinnen und Spezialisten mit einem finanziellen Background oder Erfahrungen in der Finanzbranche, mit Aus- und Weiterbildung in Statistik, Mathematik und quantitativer Risikomodellierung. Daher ist es auch nicht erstaunlich, dass das RM auf Finanzrisiken ausgerichtet ist, da die Methoden bekannt und Modelle verfügbar sind. Schließlich ist es auch bemerkenswert, wie viel praxisorientierte und akademische Literatur zum finanziellen RM im Gegenteil zum strategischen RM verfügbar ist (Hunziker 2015; Segal 2011, S. 28 ff.).

3.7   Die Krux mit Risk Maps (Risikolandkarten)

Ein in der Praxis weit verbreiteter Ansatz zur Risikobewertung und zur anschließenden Risikopriorisierung ist die Risk Map (Risikolandkarte). Sie dient als visualisierte Kommunikationshilfe für Unternehmensrisiken und bildet die Grundlage zur Priorisierung und daraus Ableitung von Risikosteuerungsmaßnahmen (Hunziker 2015). Viele Beratungshäuser und Aus- und Weiterbildungsstätten mit RM-Zertifikaten schulen diesen Ansatz als zentrales Risikobeurteilungs-Instrument. Auch diverse internationale Organisationen, die Standards und Rahmenwerke zum RM publizieren, wie z. B. COSO II, National Institute of Standards & Technology (NIST) oder CobIT empfehlen einen solchen Bewertungsansatz. In der Praxis ist es der wohl am weitesten verbreitete Ansatz zur Risikobewertung und -priorisierung (Hubbard 2009, S. 120 f.). Grundsätzlich wird ein Risiko in der Risk Map als Produkt aus Eintrittswahrscheinlichkeit und Schadensausmaß bewertet. Risk Maps bedienen sich dabei meist einer Art Scoring-System, das auf einer Ordinalskala basiert. Das heißt, es werden relative Abstufungen anhand eines Wertebereichs von z. B. 1–5 vorgenommen, wobei 1 als „vernachlässigbares Schadensausmaß" und 5 als „katastrophales Schadensausmaß" klassifiziert werden. Andere Abstufungen mit Wertebereichen von -3 bis -10 sind in der Praxis ebenfalls oft anzutreffen. Dabei wird meist unterstellt, dass die Abstände zwischen den einzelnen Werten gleich sind, d. h. ein Risiko mit dem Score 3 wird als drei Mal schwerwiegender als ein Risiko mit einem Wert von 1 beurteilt. Abb. 3.4 zeigt ein Beispiel einer Risikolandkarte, wie sie in der Praxis häufig verwendet wird.

Die Autoren dieses *essential* raten zu großer Vorsicht bei der Nutzung solcher Instrumente zur Risikopriorisierung. RM-Experten wie Cox (2008) oder Hubbard (2009) bezeichnen sie sogar als nutzlos bez. kontraproduktiv, da sie zu falschen Entscheiden führen können. Folgende Probleme von Risk Maps sind bei der Nutzung zu beachten. Einige können durch bestimmte Maßnahmen vermindert oder eliminiert werden, andere sind dem Instrument inhärent.

Die Anwendung von Risk Maps ist denkbar einfach. In der Risk Map aus Abb. 3.4 müssen die Risiken einem der neun Felder zugeordnet werden, was einer groben relativen Beurteilung der Eintrittswahrscheinlichkeit (EW) und des Schadensausmaßes (SA) bedarf. Oft werden farbliche Abstufungen verwendet,

Abb. 3.4 Beispiel einer
Risk Map

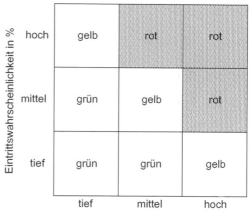

wobei die Risiken in den roten Feldern oben rechts als „nicht akzeptabel" ein-
geschätzt werden. Rote Risiken bedürfen einer prioritären Behandlung, d. h. es
müssen Maßnahmen zur Risikoreduktion definiert werden. Die orangen Felder enthalten „kritische Risiken", wobei oft nicht klar ist, ob Handlungsbedarf
besteht, dieser zeitlich weniger dringlich ist wie bei den „roten Risiken" oder
ob die Risiken toleriert und genauer beobachtet werden. Allerdings verfehlt die
Farbgebung eine realistische Einschätzung des Risikos. Die roten Felder rechts
oben können als Pseudorisiken (oder Phantomrisiken, vgl. Samad-Khan 2005,
S. 3) bezeichnet werden. Es ist schlicht nicht möglich, dass es Unternehmensrisiken gibt, die mit einer sehr hohen Frequenz (z. B. täglich) unternehmensbe-
drohliche Schäden verursachen. „Rote Risiken" rechts oben gibt es somit in der
Praxis nicht. Die wirklich bedrohlichen Risiken hingegen werden in der Bei-
spiel-Risk Map unterschätzt: Risiken mit kleiner Eintrittswahrscheinlichkeit und
bedrohlichem Schadensausmaß rechts unten fallen oft nicht in den roten Bereich
der Risk Map. Obwohl der Erwartungswert gleich groß sein kann wie ein Risiko
links oben (z. B. weisen die beiden Risiken A (EW von 1 % und einem SA von
10.000.000 €) und B (EW von 50 % und einem SA 200.000 €) denselben Erwartungswert von 100.000 € auf. Tritt allerdings Risiko A tatsächlich ein, ist die zu
verkraftende Schadenssumme deutlich höher als bei Risiko B. Es nützt einem
Unternehmen also nichts, auf unendlich lange Sicht durchschnittlich zu überle-
ben. Der Erwartungswert ist kein echtes Risikomaß und unterschätzt die Relevanz von seltenen, dafür schwerwiegenden Risiken. Bei Risiken mit gleichem

Erwartungswert suggeriert die Risk Map tendenziell Risikoneutralität. In der Praxis liegt diese Neutralität aber kaum vor, denn oft ist es Entscheidungsträgern nicht egal, ob sie eine Gewinnchance (Verlustmöglichkeit) von z. B. 10.000.000 € mit 1 % Wahrscheinlichkeit oder von 200.000 € mit 50 % Wahrscheinlichkeit erwirtschaften können.

Im besten Fall sind die verbal verankerten Skalen der Risk Map mit quantitativen Werten hinterlegt (z. B. könnte „tief" mit einer Jahreseintrittswahrscheinlichkeit von 1–20 % und einem Schadensausmaß von 0–50.000 € hinterlegt sein). Im schlechtesten Fall ist die verbale Qualifikation mit keinen quantitativen Werten verknüpft. Studien haben gezeigt, dass verbale Skalen wie „tief" bis „hoch" oder „unwahrscheinlich" bis „sehr wahrscheinlich" von Menschen in stark divergierende Prozentsätze „übersetzt werden", was die Einordnung in eines der Felder nahezu unbrauchbar machen kann (Budescu et al. 2009). Oft sind die in Risk Maps gewählten Skalen zu stark komprimiert. Z. B. weisen zwei verschiedene Risiken Jahreseintrittswahrscheinlichkeiten von 0.5 % bzw. 19 % auf. Bezogen auf das obige Beispiel werden folgerichtig beide Risiken zum Wert 1 („tief") „verdichtet", obwohl sich beide Wahrscheinlichkeiten erheblich unterscheiden (Risiko tritt einmal in 5 Jahren oder einmal in 200 Jahren ein). Dasselbe gilt für die Beurteilung des Schadensausmaßes. Die Multiplikation beider Größen zu einem Erwartungswert führt nochmals zu einer weiteren Verdichtung der Informationen und somit zu sehr ungenauen Risikobeurteilungen.

Weiter wird die korrekte Definition des Risikobegriffs (vgl. Abschn. 3.1) bei der Anwendung von Risk Maps mehrfach verletzt. Die Anwendung einer Risk Map unterstellt, dass ein Risiko sinnvoll durch eine Eintrittswahrscheinlichkeit und ein Schadensausmaß beschrieben werden kann: Das Risiko tritt entweder ein oder es tritt nicht ein. Und wenn es eintritt, dann immer mit demselben sicheren Schadensausmaß. Für den Großteil der Risiken ist die diese Wahrscheinlichkeitsbeschreibung nicht angemessen oder schlicht falsch. Das Beispiel der Zinsrisiken soll dies veranschaulichen: Zins- oder Währungspaaränderungen können faktisch mit beliebig vielen möglichen Ausprägungen (vgl. das Konzept der Volatilität) eintreten, nur ist nicht jede Änderung gleich ausgeprägt und gleich wahrscheinlich. Ein solches Risiko lässt sich nicht mehr als „Event" beschreiben und ist somit auch nicht sinnvoll in der Risk Map abtragbar. Hier müsste z. B. eine Volatilität (Schwankung) über verschiedene geschätzte Szenarien abgebildet werden. Auch viele operative Risiken, wie z. B. ein Maschinenausfall, können schlecht als Eventrisiko beschrieben werden, da mehrere Konsequenzen denkbar sind. Weiter bildet die Risk Map lediglich das „negative Risiko" ab, positive Potenziale (Chancen) bleiben komplett unberücksichtigt. Auch Abhängigkeiten zwischen einzelnen Risiken bleiben unbeachtet. Falls z. B. zwei als „mittel" beurteilte Risiken (z. B. „Brand verursacht Verlust im Lager" und „Unterbruch Produktionsprozess wegen Personalausfall") wegen einem Unwetter gleichzeitig eintreten, können sie nicht mehr als unabhängige Events beurteilt werden. In der Risk Map können solche Abhängigkeiten nicht modelliert werden.

Schließlich widerspiegeln sich in der Risk Map auch Herausforderungen, die nur unmittelbar mit dem Instrument selbst zu tun haben. Es stellt sich z. B. die Frage, was unter dem Schadensausmaß verstanden wird. Stellt es den maximal zu erwarteten Schaden (worst case) dar? Oder ist die es ein Durchschnittswert vergangener, eingetretener Schäden? Oft wird dies nicht eindeutig geklärt, was zu inkonsistenter Bewertung führt. Weiter scheuen sich Unternehmen grundsätzlich davor, alle Risiken zu quantifizieren. Dies liegt teilweise am damit verbundenen Aufwand (Aversion gegen Zahlen, nicht vorhandene historische Daten) oder an Methodendefiziten. Weiter wird oft argumentiert, dass quantitative Bewertungen scheingenau und zu präzise seien, daher sei es sinnvoller, ein qualitatives Verfahren zu wählen. Dabei wird jedoch das Konzept der Wahrscheinlichkeit nicht korrekt verstanden: Es ist in jedem Fall besser, eine Aussage über den Grad der Unsicherheit zu machen, als keine oder eine verschleierte, qualitative Aussage.

Die Ausführungen zur Risk Map lassen darauf schließen, dass sie als Hauptinstrument im RM nicht geeignet ist. In einem RM-Programm haben sie – richtig eingesetzt – aber durchaus ihre Berechtigung zur groben, qualitativen Ersteinschätzung von Risiken. Darauf wird im nächsten Abschnitt eingegangen.

3.8 Quantitative Bewertung aller Risiken – auch strategischer!

In Abschn. 3.6 wurde gezeigt, dass in einem RM-Programm alle Risikokategorien unvoreingenommen als gleichberechtigt behandelt werden sollen. Das bezieht sich insbesondere auf den schwierigen Kernaspekt der Risikobewertung. Die folgenden Ausführungen beziehen sich somit auf alle Risiken, auch auf solche, die in der Praxis aufgrund mangelnder Daten oder fehlender Methodenkenntnisse als nicht quantifizierbar gelten (oft strategische und operative Risiken). RM-Programme, die nur Finanzrisiken und teilweise operative Risiken quantifizieren und „nicht quantifizierbare Risiken" lediglich qualitativ beschreiben, können keine Aussage zum Gesamtrisikoumfang machen, was die tatsächliche Risiko- und Chancensituation verfälscht und den Abgleich mit dem Risikoappetit de facto verunmöglicht. Deshalb wird dafür plädiert, ein RM aufzubauen, das methodisch genügend kompatibel ist, alle Risikokategorien quantitativ beschreiben zu können.

Die Probleme qualitativer Bewertungsmethoden wurden teilweise bereits in Abschn. 3.7 angesprochen und sind vielfältig: Hohe Subjektivität, schwierige Interpretierbarkeit, unzulässige Verdichtung auf ordinale Skalen, keine Aggregation zu einem Gesamtrisikoumfang und daher de facto „unbewertete Risiken". Grundsätzlich sind quantitative Bewertungsmethoden nicht per se besser als qualitative, weil sie komplexer, mathematischer und „genauer" scheinen. In der Praxis sind quantitative Modelle oft unvollständig und vernachlässigen wichtige Risiken. Es ist interessant zu beobachten, dass vor allem operative Risiken auf tiefen Hierarchieebenen und finanzielle Risiken quantitativ geschätzt werden. Beide Risikokategorien machen, wie bereits diskutiert, meist nicht den größten Risikobeitrag im Risikoportfolio aus. Hubbard (2009) bezeichnet diese Realität als „Risikoparadoxon": Die relevanten, großen (strategischen) Risiken werden oft mit qualitativen, einfachen Methoden beurteilt, hingegen finden operationelle low-level Risiken oft Eingang in sophizierteren, quantitativen Risikomodellen (S. 174). Weiter ist die Datenqualität entscheidend für die Qualität der quantitativen Analyse: Spätestens seit der Finanzkrise ist klar, dass Modellannahmen, die auf der klassischen Finanzmarkttheorie basieren, in der Realität nicht funktionieren. Extreme Szenarien wurden regelmäßig unterschätzt (sogenannte Tail-Risiken). Stochastische Modelle bedürfen einer guten Datengrundlage, was vor allem im Bereich der strategischen und operativen Risiken oft nicht der Fall sein dürfte. In der Konsequenz werden entweder unrealistische Szenarien geschätzt oder die Risiken bleiben komplett unberücksichtigt. Schließlich bleibt auch kritisch zu hinterfragen, ob die Modelle in der Praxis tatsächlich korrekt angewendet und vom Management verstanden werden (z. B. fehlendes Backtesting, fehlendes Erheben von eigenen, zusätzlichen Daten wo nötig).

Der Erfolg eines RM basiert grundsätzlich auf der Quantifizierung aller Risiken, nicht aber auf der Anwendung stochastischer Modelle. Dieser scheinbare Widerspruch wird nachfolgend aufgelöst. Ein ausgereiftes RM fokussiert sich auf die Schlüsselrisiken. Um zwischen Schlüsselrisiken und weniger wichtigen Risiken zu unterscheiden, können Risk Maps ihre Anwendung finden, sofern ihre Grenzen und Einschränkungen bekannt sind. Für eine Erstbeurteilung von Risiken eignen sich Risk Maps dann, wenn folgende Aspekte berücksichtigt werden:

- Die Skalen der Risk Map werden mit Werten (%, €) hinterlegt und erklärt. Die Werte müssen einen sinnvollen Bezug zur Risikotoleranz aufweisen, z. B. zum EBIT, Unternehmenswert oder Eigenkapital.
- Keine roten Felder für Pseudorisiken wählen, dafür roten Bereich bei kleiner Eintrittswahrscheinlichkeit und großem Schadensausmaß setzen.

- Vorgängige Klärung, welches Szenario in der Risk Map abgebildet wird (idealerweise ein glaubwürdiger schlechtester Fall). Konzept der Volatilität muss bekannt sein.
- Vorgängige Klärung, dass Netto-Risiken (Berücksichtigung bestehender Maßnahmen) und nicht Brutto-Risiken abgetragen werden.
- Erklären, was unter einem Schlüsselrisiko bzw. RM verstanden wird.
- Vorgängige Klärung, dass die Risk Map nur ein qualitatives Beurteilungsraster ist, das als erster Filter für die Identifikation von Schlüsselrisiken dient.

So verstanden kann die Risk Map durchaus als erster Filter im Rahmen einer qualitativen Erstbeurteilung sinnvoll sein. Die Trennlinie zwischen Schlüsselrisiken und anderen Risiken bleibt allerdings arbiträr und richtet sich meist an vom RM-Team gesetzten Toleranzgrenzen für Einzelrisiken aus. Sie kann nicht „berechnet" werden, sondern ist eine bewusste Entscheidung der Unternehmensleitung. Die Risiken, die über der Trennlinie liegen (d. h. eine EW-und SA-Grenze überschreiten), werden in einem nächsten Schritt quantitativ bewertet, damit sie für Risikomodelle (meist Monte-Carlo-Simulationen) genutzt werden können (Segal 2011, S. 130 ff.).

Der hier vorgestellte Bewertungsansatz ist deterministischer Natur, auf stochastische Modelle wird verzichtet, was zu einer höheren Akzeptanz und einer besseren Risikokultur führt. Zudem versteht das Management eine Bewertung von Szenarien durch Experten besser als stochastische (Blackbox)-Modelle. Experten, die am nächsten zum Risiko sind, werden explizit in die Risikobewertung miteinbezogen, was oft zu genaueren (Tail)-Szenarien führt als eine stochastische Bewertung anhand (weniger) historischer Daten. Die Szenarioanalyse ist ein sehr mächtiges Instrument im Rahmen der Risikobewertung, sie berücksichtigt Ursache-Wirkungsketten und somit bereits Korrelationen mit anderen Risiken beim Durchdenken der einzelnen Szenarien (z. B. Pandemieszenario führt zu wirtschaftlichem Abschwung, der Umsatzeinbußen zur Folge hat etc.). In der Regel reicht es, drei bis fünf Szenarien zu formulieren, beginnend mit dem sehr pessimistischen bis zum sehr optimistischen. Chancen (falls vorhanden) werden somit explizit berücksichtigt. Über die Schätzung mehrere Szenarien wird das Risiko ebenfalls als Volatilität (Verteilung) beschrieben, was dem Risikobegriff aus Abschn. 3.1 entspricht und keiner statistischer Kenntnisse bedarf (vgl. hierzu auch Segal 2011, S. 185 ff.). Falls historische Daten in guter Qualität vorliegen, können diese Daten ebenfalls bei der Schätzung der deterministischen drei bis fünf Szenarien berücksichtigt werden. Hier macht eine Kombination von Experteneinschätzungen und Daten durchaus Sinn.

3.9   Risikomanagement und Entscheidungsfindung

„Was in der Organisation nicht entschieden wird, wird nirgends entschieden", stellte Organisationssoziologie Dirk Baecker (1999) fest (S. 9). In der Denktradition der soziologischen Systemtheorie à la Niklas Luhmann spielt der Entscheidungsbegriff nicht irgendeine, sondern die Hauptrolle. Es macht daher Sinn, beim Zusammenhang zwischen dem Managementkonzept RM und den Entscheidungsprozessen einer Organisation genau zu prüfen, was über Entscheidungen, sowie deren Logiken, Praktiken und damit verbundenen Prozesse bereits bekannt ist. Hierfür beziehen wir uns auf eben die soziologische Neuere Systemtheorie (Baecker 1999, 2013; Luhmann 1984; Wimmer 2012) und deren Erweiterung im Neuen St. Galler Management Modell (Rüegg-Stürm und Grand 2015), um letztlich zu umreißen, wie man durch RM zu „besseren" Entscheidungen gelangen kann.

Organisation und Entscheidung: Ein nicht-triviales Entscheidungsverständnis
Soziale Systeme bestehen aus Entscheidungen, die über Kommunikationen aneinandergekoppelt sind (Luhmann 2000). Organisationen entstehen und reproduzieren sich, „wenn es zur Kommunikation von Entscheidungen kommt und das System auf dieser Operationsbasis operativ geschlossen wird. Alles andere – Ziele, Hierarchien, Rationalitätschancen, weisungsgebundene Mitglieder oder was sonst als Kriterium für Organisation angesehen worden ist – ist demgegenüber sekundär und kann als Resultat der Entscheidungsoperationen des Systems angesehen werden. Alle Entscheidungen des Systems lassen sich mithin auf Entscheidungen des Systems zurückführen" (Luhmann 2000, S. 63). Alles, was Eingang findet in den Prozess der Verknüpfung einer Entscheidung mit einer anderen Entscheidung der Organisation, ist Teil des Systems – alles andere ist Umwelt (Jung und Wimmer 2014, S. 102). Das systemtheoretische Verständnis geht davon aus, dass Organisationen über Entscheidungen Komplexität reduzieren und somit handhabbar machen (Wolf et al. 2014, S. 40).

Die Entscheidungen, über die sich eine Organisation reproduziert, werden in ihr entsprechend den systemeigenen Mustern der Entscheidungsfindung getroffen; organisationseigene Erwartungen werden durch Entscheidungen festgelegt (Luhmann 2000): „Was immer auch Manager nach dem klassischen Verständnis steuern, geschieht im Rahmen der internen Systemlogik und unter Rückgriff auf sie." Die Systemlogik gibt den Organisationsmitgliedern Orientierung, damit erhalten sie die Möglichkeit der Zurechnung (Personalisierung) von Entscheidungen (Wolf 2003, S. 68).

Der Weiter bestand eines Systems ist nur auf der Basis von durch das System selbst getroffenen Entscheidungen möglich (Baecker 2003, S. 79). Somit sind die Handlungsmöglichkeiten von Managern grundsätzlich beschränkt und jede Maßnahme wird nur im Rahmen der Systemlogik wirksam sein. Dieses Wissen ermöglicht es Managern, die Systementwicklung ihrer Organisation zu beobachten, zu reflektieren und Strukturen und Prozesse zu schaffen, welche das Potenzial haben, zum einen die Systemlogik zu bedienen und sie zum anderen weiterzuentwickeln. Organisatoren wirken in Organisationen, sie müssen jedoch wissen, dass ihre Entscheidungskommunikation vom System angenommen werden kann, aber nicht muss. Jedes Mitglied einer Organisation kann bewusst Entscheidungen treffen und mitteilen; ob sie jedoch ins „kommunikative Ganze" der Organisation eingehen, verbleibt letztlich bei der selbst gesteuerten Organisation selber. Das Wissen um diesen Umstand der prinzipiellen Unsteuerbarkeit ist wertvoll und gibt die notwendige Beweglichkeit für die Auseinandersetzung mit dem Kollektivphänomen „Organisation" (Wolf et al. 2014, S. 47). Davon profitiert auch der Enterprise Risk Manager, denn dieser ist unmittelbar am Entscheidungsprozess der Organisation beteiligt. Für „echte", also komplexe Entscheidungen bietet sich dieses komplexe Entscheidungsverständnis an, das die Tätigkeit im Risikomanagement unmittelbar mit dem Wesen der jeweiligen Organisation verknüpft. Wäre Entscheiden im RM trivial, so bräuchte es diese vorliegende Abhandlung nicht.

Die organisationale Entscheidungspraxis
Ein fortgeschrittenes Organisationsverständnis, welches eine bessere Fokussierung auf die Unternehmenspraxis möglich macht, liefert das „Neue St. Galler Management-Modell" der vierten Generation, das drei konzeptionelle Ebenen umfasst: „Umwelt als Möglichkeitsraum", „Organisation als Wertschöpfungssystem", und „Management als reflexive Gestaltungspraxis". Für RM macht es Sinn, sich auf die zweite Dimension zu beschränken, da diese unmittelbar an die Entscheidungsdynamik im System anschließt. „Organisation als Wertschöpfungssystem" besteht wieder aus drei Unteraspekten, dem „Referenzrahmen", der konkreten „Entscheidungspraxis", sowie der „Wertschöpfung": Der *Referenzrahmen* umfasst den sogenannten „Sinnhorizont" der Entscheidungen. Jede Entscheidung macht im Gefüge der Organisation „irgendeinen" Sinn, der aber der Zielerreichung und Wertschöpfung unterschiedlich angemessen sein kann. Man unterscheidet den operativen, strategischen und normativen Sinnhorizont; darunter sind betrieblich-operative, strategisch-zielorientierende und ethische Kalküle zur Entscheidungsfindung zu verstehen. Diese Horizonte können in Zielkonflikten

zueinanderstehen, wenn es z. B. um die Optimierung der wirtschaftlichen Betriebsabläufe zulasten von Umweltbelastung oder Arbeitssicherheit geht. Die konkrete Entscheidungspraxis besteht aus den Entscheidungsnotwendigkeiten, den Bearbeitungsformen, sowie der Entscheidungsfähigkeit. Entscheidungsnotwendigkeiten ergeben sich aus den Sinnhorizonten – z. B. definiert der ethische Sinnhorizont „Nachhaltiges Wirtschaften" die Notwendigkeit, über den Aufbau einer Abteilung für „Corporate Social Responsibility" zu entscheiden. Die Bearbeitungsformen sind dann die konkreten Infrastrukturen, Routinen, und Programme, die zur Herbeiführung der Entscheidung führen. Dies sind die gesamte Managementarchitektur, der Führungsrhythmus, die installierten Managementprogramme und –systeme, etc. Entscheidungen benötigen diese Bearbeitungsformen, die sich ohne die entsprechend (konstruierten) Entscheidungsnotwendigkeiten nicht kristallisieren werden. Im Rahmen der Entscheidungsfähigkeit der Organisation werden dann die notwendigen Kompetenzen und Talente in der Organisation stimmig adressiert. So braucht ein Risikomanager die Kompetenzen, Maßnahmen zur Bewältigung eines Risikos ausarbeiten und vorschlagen zu dürfen. Hierfür benötigt er eventuell die Unterstützung von interner und externer Beratung, ein entsprechendes Budget und die Engscheidungshoheit, über dieses in gewissen Grenzen selbstständig verfügen zu dürfen, etc.

Als dritter Aspekt vervollständigt die *Wertschöpfungskonstellation* die Entscheidungspraxis. Eine Entscheidung wird eine Auswirkung auf die Wertschöpfung aufweisen – sofern sie anschlussfähig ist. Drei Varianten unterscheidet das Modell: Differenzierung, Stabilisierung, und Integration. Differenzierung bedeutet, dass die Wertschöpfung sich weiter untergliedern kann. Dieser Modus ist zentrales Kennzeichen der gesellschaftlichen Entwicklung, die sich sehr konkret auf die Expertisefelder und Berufsgruppen in der Organisation auswirkt. Auch bei der Unternehmensentwicklung gilt bisher, dass ein weiteres wirtschaftliches Wachstum mit zunehmender Differenzierung einhergeht (z. B. Divisionsbildung in einem Konzern). Stabilisierung bedeutet, die Fragilität von Organisationen einzudämmen und einem geregelten Ablauf und einer Berechenbarkeit zuzuführen. Die notwendige Produktion von Gewissheit ist nicht nebensächlich. Die Geschichte der Unternehmensentwicklung im letzten Jahrhundert zeigt, dass nur etwa 5 % der Unternehmen die letzten 100 Jahre überlebten. Diese Stabilität ist ohne bewährte Entscheidungsroutinen und -prozesse nicht zu erreichen. Der dritte Modus ist die Integration der Wertschöpfung. Insbesondere im Dienstleistungsbereich, aber auch zunehmend in fortgeschrittenen Konzepten der materiellen Güterproduktion kommt der Integration von Abläufen und Informationen eine zentrale Rolle zu. Dabei geht es um die sinnvolle Synthese, nicht um ein beliebiges Zusammenfügen. Auch dieser Aspekt ist nicht selbstverständlich, sieht man doch, dass z. B. Großbanken heute schwergewichtige Probleme bei der Integration ihres Wertschöpfungsangebots haben, weil durch widersprüchliche Markttrends eine klare strategische Positionierung erschwert wird. Ohne diese strategische Orientierung kann aber auch nicht integriert werden, also in welcher Hinsicht die einzelnen Arbeitsfragmente integriert werden sollen.

Die vielfältigen Bezüge zwischen dem Enterprise Risk Management und dem Neuen St. Galler Management Modell liegen auf der Hand: Das RM nimmt Einfluss auf die organisationale Entscheidungspraxis und setzt sich mit dem Referenzrahmen auseinander, und betrifft zentrale Aspekte der Wertschöpfungskonfiguration (vgl. auch Meissner 2016). Der Referenzrahmen z. B. schlägt sich in der Risikopolitik, aber auch der konkreten Verankerung des RM-Prozesses in den operativen Entscheidungsstrukturen nieder. Die Entscheidung über Risikoappetit und Risikopuffer (Risikodeckungskapital) hängt maßgeblich davon ab, wie weit die Organisation in strategischen und ethischen Kategorien denkt. Die RM-Entscheidungspraxis braucht die Entscheidungsnotwendigkeit (die Begründung, weshalb Risiken überhaupt unternehmensweit bewirtschaftet werden sollen), Bearbeitungsformen (z. B. den Risiko-Ausschuss, die Risiko-Organisation, das RM-System), und entsprechende Entscheidungsfähigkeiten (die formalen Kompetenzen und die entsprechende Befähigung der Organisationsmitglieder). Im Rahmen der Wertschöpfungskonfiguration ist es wesentlich, ein RM als Befähigungsfaktor zur weiteren organisatorischen Differenzierung (z. B. durch Bearbeitung von Innovationsrisiken), Stabilisierung (ist die Gesamtrisikoexposition tragbar?), oder Integration (helfen die RM-Informationen ohne Doppelspurigkeiten zur Umsetzung der Gesamtunternehmensstrategie?) zu verstehen.

Bessere Entscheidungen dank Risikomanagement

Ein voll integriertes RM – so die Hypothese an dieser Stelle – führt im Sinn von größerer Reflexivität und Nachhaltigkeit zu besseren Entscheidungen. Es ist der wichtigste Anspruch und Nutzen von RM, die Entscheidungsqualität zu verbessern. Das erklärte Ziel ist die aktive Steuerung durch die Gestaltung der Entscheidungsprozesse bezüglich der Risikoexposition, in Abstimmung mit dem definierten Risikoappetit. Oft sind RM-Programme aber zu sehr mit der schlichten Risikominimierung beschäftigt, die Verknüpfung zu echten Entscheidungsprozessen fehlt, und das Chancenpotenzial von unternehmerischen Aktivitäten kann nicht genutzt werden. Die meisten RM-Programme werden nicht zur Entscheidungsfindung genutzt und fristen ein unabhängiges Dasein. Ein simpler Risikobericht, der lediglich über den aktuellen Stand informiert, ohne aber einen integrierten Maßnahmenplan und ein Upside-Potenzial der Risiken zu beschreiben, reicht hier nicht aus.

Erst wenn RM in den Entscheidungsprozessen der Organisation fest integriert ist, kann man überhaupt von einer positiven Risikokultur sprechen. Die Schweizerische Post statuiert diesen Zusammenhang in der Risikopolitik wie folgt: „Das Risikomanagement leistet […] einen wichtigen Beitrag zur Entscheidungsqualität und zur Steigerung des Unternehmenswerts." Und der Chief Risk Officer der Gotebank umreißt: „One of the things we have been struggling with over the last couple of years is how best to integrate meaningful high-level risk information into the strategic planning process. […] The reason, why the risk management function is called ‚strategic' is that the purpose should really be top-level coverage." Beide Aussagen deuten auf das Integrationslevel von RM hin. Damit die Integration gelingt, müssen die RM-Messgrößen die Entscheidungsprozesse weitgehend unterstützen. Dazu müssen alle relevanten Risiken quantifiziert werden (nicht nur finanzielle) und der Bezug zum Unternehmenswert muss hergestellt werden (Sinnhorizont). Hier macht es Sinn, dass die Messgrößen sowohl Upside- also auch Downside-Potenziale mit einschließen. RM soll die Entscheidungen der strategischen Planung unterstützen, bzw. um finanzielle Prognoserechnungen im Unternehmen (z. B. zwischen den Ebenen der Geschäftseinheiten und des Gesamtunternehmens) besser abzustimmen oder zu plausibilisieren. Die Berechnung eines Unternehmenswerts ermöglicht produktive Diskussionen über bisherige Annahmen. Die Entwicklung von Risikoszenarien hilft, besser zu verstehen, was bereits im erwarteten Szenario (wahrscheinlichstes Szenario) enthalten ist, und was nicht. Sie gibt also Klarheit darüber, welche Risikoszenarien bereits „eingepreist" sind. Auch ist sinnvoll, bei den entwickelten Risikoszenarien standardisiert vorzugehen, und hier umfangreichere Informationen einzubauen, die denen einer einfachen Stärken-Schwächen-Analyse gegenüber konsistenter und aussagekräftiger sind, da sie differenzierter und quantifizierter sind. RM schließt die Lücken zwischen Risikomanagement und wertorientiertem Management und transformiert den Ein-Szenario-Planungsprozess in eine «Multi-Szenario-Planung», die neue Handlungsmöglichkeiten offenlegt. Das RM wird so zum integralen Bestandteil der Planung und Umsetzung der Geschäftsstrategien.

Schlussfolgerungen
Es gilt festzuhalten: Keine echte, also komplexe Entscheidung ist ohne Risiko. Erst wenn man diese Entscheidungen berücksichtigt, macht RM überhaupt Sinn, weil es um das Gesamte und dessen Sinnhaftigkeit geht. Entscheidungen brauchen eine organisationale Adresse, denen man sie zurechnen kann, damit

Anschlusskommunikationen begünstigt werden. Zum vollständigen Einbezug der Entscheidungspraxis müssen die Unteraspekte der Sinnhorizonte, der Bearbeitungsformen und der Wertschöpfung bei der Gestaltung des RM berücksichtigt werden. Die Organisation stellt so eine Infrastruktur und „Entscheidungsarenen" zur Bearbeitung riskanter Entscheidungen zur Verfügung. Zur letztlichen Verbesserung der Entscheidungsqualität muss es schließlich darum gehen, den internen Wissensfluss zwischen den Top Management Funktionen derart zu gestalten, dass das RM als Mitspieler betrachtet wird. RM ist keine einfache, untergeordnete Subdisziplin, sondern ein gleichgewichtiger Mitspieler der Unternehmensstrategie. Dieser Bezug kann erst als gelungen bezeichnet werden, wenn bis in kleinste Details der Wertschöpfung eine Risikosensitivität festzustellen ist, und unternehmerische Risiken und Chancen als solche erkannt und systematisch genutzt werden.

3.10   Ein Risikomanagement-Reifegradmodell zur Überprüfung des Status quo

Damit RM tatsächlich Werte für das Unternehmen schafft, muss es einen gewissen Reifegrad erreichen. Werden die neun vorhergehenden erfolgskritischen Themenbereiche berücksichtigt, sind gute Grundlagen dafür geschaffen. Die gesetzliche Pflicht, der wachsende Druck vom Markt und die Forderung nach guter Corporate Governance haben viele Unternehmen veranlasst, sich Gedanken über den Reifegrad des eigenen RM-Systems zu machen. Im Folgenden werden fünf verschiedene Reifegrade eines RM erläutert. Damit RM einen aktiven Beitrag zur wertorientierten Unternehmensführung liefern kann, sollte dieses mindestens Level 4 erreichen, idealerweise sogar Level 5.

Level 1: Informelles Risikomanagement
Das erste Level zeichnet sich im Wesentlichen durch ein fehlendes (formales) Commitment der Unternehmensleitung zu RM aus (vgl. zum Folgenden Hunziker und Rautenstrauch 2010). Dieser Umstand verunmöglicht es, eine positive Risikokultur zu etablieren bzw. ein effektives RM zu unterhalten. Eine dokumentierte Risikopolitik und damit die groben schriftlichen Leitlinien und Ziele für RM fehlen. Zudem besteht kein formalisierter Prozess zur Identifikation, Bewertung und Steuerung von Risiken. Der Nutzen eines RM-Systems wird im Unternehmen nicht wahrgenommen; Risiken werden allenfalls auf ad-hoc Basis erkannt. Oft fehlt es an Expertise und Instrumenten für das RM, oder RM wird bewusst

nicht formal eingeführt, da die Auseinandersetzung mit Risiken ein Eingestehen von Schwäche oder fehlenden Fähigkeiten/Kompetenzen bedeuten kann. Identifizierte Risiken werden als Schwachstellen ausgelegt und daher nicht gerne systematisch offengelegt. „Level 1-Unternehmen" befinden sich möglicherweise unter ständigem Druck oder in Krisensituationen, die zu fehlenden Ressourcen oder fehlendem Willen führen, zusätzlich einen RM-ProzessProzess einzuführen. Auch schnell wachsende, junge Unternehmen am Anfang des Unternehmenslebenszyklus befinden sich eventuell auf diesem Level.

Level 2: Partielles Risikomanagement
Dieses Level ist oft geprägt durch die inkonsistente Verwendung von Terminologien bez. RM. Es fehlt ein abgestimmtes und unternehmensweites RM. Möglicherweise werden nur Risiken der wichtigsten aktuellen Projekte erfasst; oder der Fokus liegt bewusst auf unauffälligen, renditeschwächeren Unternehmensbereichen, wo RM nicht als „Verhinderer" wirken kann. Es besteht in der Regel kein formalisierter RM-Prozess und nur wenige Mitarbeitende verfügen über Kenntnisse bezüglich Methoden und Instrumente des RM. Verfügbare Daten über Risikoinformationen und Tools zur Risikoidentifikation und -bewertung werden selten oder ungenügend genutzt. Eine positive Risikokultur ist kaum zu erkennen, weil die Relevanz des RM von der Unternehmensleitung zu wenig vorgelebt und kommuniziert wird. Mitarbeitende, die partielle RM-Aufgaben übernehmen, erhalten wenig Support durch das Management – es herrscht wenig Überzeugung vom Nutzen eines formalisierten und ganzheitlichen RM.

Die informelle und inkonsistente (oft auch rein qualitative) Umsetzung des RM-Prozesses führt häufig dazu, dass keine sinnvollen Kennzahlen generiert werden können, die den Wert eines RM vollständig aufzeigen könnten. Eine Risikoaggregation z. B. findet nicht statt. Dadurch verliert das RM an Glaubwürdigkeit und wird sich nicht als wertschaffendes Führungsinstrument etablieren können. „Level 2-Unternehmen" sind relativ oft anzutreffen, insbesondere kleine und mittelständische Unternehmen in der Schweizer Praxis weisen ein unvollständiges, informelles RM auf. Oft fehlt es an Ressourcen und Expertise bzw. an der Überzeugung der Unternehmensleitung, dass RM nicht nur Kosten verursacht, sondern langfristig zu besseren Entscheiden führen kann.

Level 3: Standardisiertes Risikomanagement
Im Gegensatz zu den beiden vorherigen Reifegraden zeichnet sich Level 3 dadurch aus, dass ein formalisierter RM-Prozess besteht, die Risikobeurteilung für alle Risikokategorien (strategische, operative und finanzielle Risiken)

durchgeführt und Risiken mindestens qualitativ nach Eintrittswahrscheinlichkeit und Schadensausmaß beurteilt werden. Das RM wird meist durch ein einfaches Tool unterstützt, indem die Risiken in einer Risk Map visualisiert werden und Maßnahmen zur Steuerung der Risiken abgebildet sind. Die mit der Risk Map verbundenen Probleme wurden bereits in Abschn. 3.7 diskutiert. Es bestehen explizit Stellen im Unternehmen, die den RM-Prozess regelmäßig durchlaufen und koordinieren. Risikoeigner und eine minimale Reportingstruktur sind definiert (z. B. Risikoeigner berichten regelmäßig an den Risikomanager).

Das RM-System besteht in der Regel als eigenständiger Ansatz und wird zu wenig in die Entscheidungsprozesse bzw. in die Strategieentwicklung eingebettet. RM wird primär als „Schadenverhinderer" und nicht als wertgenerierendes Führungsinstrument verstanden. Der Risikomanager wird möglicherweise nicht sehr gerne am Strategietisch begrüßt, weil er zu stark als „Business-Verhinderer" gesehen wird. Zudem besteht oft keine ausgereifte und schriftlich festgehaltene Risikopolitik. RM wird zwar als notwendig akzeptiert, aber zu wenig gelebt und ist selten allen Mitarbeitenden bekannt. Es besteht grundsätzlich Zurückhaltung, wiederkehrend in das RM zu investieren (Tools, Techniken, Fähigkeiten).

„Level 3-Unternehmen" sind grundsätzlich vom Nutzen von RM überzeugt oder sehen zumindest die Notwendigkeit dazu. Das volle Potenzial von RM wird aber nicht ausgenutzt, insbesondere die Verbindung zur wertorientierten Unternehmensführung wird meist nicht berücksichtigt. Level 3 Unternehmen sind in der Schweizer Praxis – über alle Unternehmensgrößen gesehen – am häufigsten anzutreffen. Dabei ist die Risk Map das vorherrschende Instrument zur Beurteilung und Steuerung von Risiken.

Level 4: Ganzheitliches Risikomanagement
Wahrscheinlich bedeutet der Aufstieg von Level 3 zu Level 4 für die meisten Unternehmen die größte Hürde bzw. bedarf möglicherweise einem grundsätzlichen Umdenken im Bereich Risikomanagement und dessen Stellenwert. Eine Anpassung der Risikopolitik und -kultur sowie der RM-Methoden sind oft notwendig.

Das Aufsichtsorgan muss eine klare Risikopolitik verabschieden. Sie gilt als Grundpfeiler jedes RM-Systems. Darin enthalten sind z. B. die Ziele von RM, die RM-Organisation, einzelne Limiten für Risiken, Aussagen zum Risikoappetit (vgl. Abschn. 3.4), die Rolle der Internen Revision sowie Strategien zur Risikosteuerung. Die Risikopolitik ist eine zentrale Voraussetzung, um Level 4 erreichen zu können. Alle Risiken werden auf Level 4 gleichberechtigt quantifiziert (in Geldeinheiten), nach Ursachen klassifiziert und mithilfe eines Tools zu einem Gesamtrisikoumfang aggregiert (vgl. Abschn. 3.8). Dies setzt die Analyse von Abhängigkeiten zwischen einzelnen Risiken voraus (Szenariodenken) und erfordert ein minimales Methodenwissen. Die Risikoaggregation ermöglicht die Bestimmung des Gesamtrisikoumfangs. Letzterer muss mit dem Risikoappetit abgeglichen werden, was eine der Kernaufgaben eines effektiven RM darstellt. Die aus dem RM generierten Informationen werden als entscheidungsrelevant verstanden, d. h. übersteigt der Gesamtrisikoumfang den Risikoappetit, werden Maßnahmen ergriffen.

Risk Maps haben zwar noch eine Berechtigung, aber nur als erste grobe, qualitative Beurteilung. Auf diesem Level 4 werden die wichtigsten Risiken anhand von verschiedenen Szenarien quantitativ bewertet; idealerweise arbeiten hier der Risikoeigner sowie der Risikomanager eng zusammen. Ganzheitliches RM bedeutet auch eine einheitliche RM-Sprache im gesamten Unternehmen zu definieren (oft sind historisch gewachsene Differenzen in den einzelnen Bereichen vorhanden!) sowie eine Risikoidentifikation über alle Unternehmensbereiche regelmäßig vorzunehmen. Ein ausgereiftes Berichtswesen ermöglicht es, die Empfänger von risikorelevanten Informationen zeitnah mit den wichtigsten Informationen zu versorgen. Das RM-System wird regelmäßig auf die Leistung (Effektivität und Effizienz) geprüft und falls nötig, in neue Tools, Techniken oder Know-how-Akquisitionen investiert. RM wird zudem explizit als Teil der Strategieentwicklung verstanden und fokussiert sich sowohl auf positive wie auch negative Szenarien (RM wird auch als Chancenmanagement wahrgenommen).

In der Schweizer Praxis sind „Level 4-Unternehmen" im Nichtfinanzbereich relativ selten anzutreffen. Meist fehlen eine konsequente quantitative Risikobeurteilung sowie der wichtige Schritt der Risikoaggregation. Oft wird auch das Argument angeführt, dass eine unzureichende Datenlage ein quantitatives RM nicht zulässt.

Level 5: Optimiertes Risikomanagement
Der höchste Reifegrad eines RM erfordert zusätzlich zum vorherigen Level 4 folgende Optimierungen:

Entscheidungen werden konsequent unter Chancen-Risiko-Aspekten beurteilt, d. h. die Auswirkungen einer potenziellen Entscheidung (z. B. neuer Markteintritt) auf den Unternehmenswert oder eine andere Kennzahl (z. B. EBIT oder Cashflow) werden im RM-Modell analysiert und diskutiert. Ein Abgleich mit dem neuen Gesamtrisikoumfang und dem Risikoappetit findet regelmäßig statt. RM wird als strategisches Führungsinstrument wahrgenommen und zur Entscheidungsfindung genutzt. Ziel des RM ist es, den Gesamtrisikoumfang möglichst nahe an den Risikoappetit zu steuern. Fällt der Gesamtrisikoumfang kleiner aus als der Risikoappetit, sollen, falls die Renditechancen positiv sind, weitere Risiken eingegangen werden.

Optimiertes RM ist mit anderen Unternehmensfunktionen (z. B. Qualitätsmanagement, Internes Kontrollsystem, Interne Revision) abgestimmt und soll nicht als eigenständige, von anderen Führungsinstrumenten unabhängige Disziplin gelebt werden. Gesetzliche Veränderungen führten in der Vergangenheit oft zum Aufbau von überhasteten RM-Insellösungen im Unternehmen. Als Konsequenz daraus erfolgen die Risikoidentifikation und Risikoüberwachung als separate Tätigkeiten; losgelöst von anderen Aktivitäten der Risikoverantwortlichen wie z. B. der Planung und Budgetierung. Zudem werden eigenständige IT-Lösungen eingesetzt, die entsprechend nicht mit anderen Funktionen abgestimmte RM-Berichte generieren.

Die Abstimmung muss z. B. mit dem internen Kontrollsystem (IKS) erfolgen, um Doppelspurigkeiten zu eliminieren und Synergien nutzen zu können. Ein zentrales Element beim IKS ist die Dokumentation der Kontrollaktivitäten. Diese Kontrollaktivitäten (im RM oft als „Maßnahmen" bezeichnet) beziehen sich in der Schweizer Praxis in erster Linie auf den Abschlussprozess und auf operative Prozesse, die Schnittstellen zur finanziellen Berichterstattung aufweisen. Risiken, die sich aus der finanziellen Berichterstattung ergeben, sollen mit dem RM abgestimmt werden. IKS und RM sind daher keine komplett isolierten Führungsinstrumente, sondern weisen in gewissen Bereichen gegenseitige Wechselbeziehungen auf. Risiko-Assessments, Definitionen von Risiko- und Kontrollprozessen, sowie das Berichtswesen müssen mit dem IKS abgestimmt werden.

Eine weitere und wichtige Optimierung besteht in der Integration des RM in die bestehenden Controlling-Prozesse eines Unternehmens (vgl. Gleißner und Kalwait 2010, S. 23 ff.) Die Grundidee ist hierbei relativ simpel: Risiken stellen per Definition mögliche Planabweichungen dar. Die Planung von Kostenentwicklungen in der Beschaffung (z. B. Rohstoffpreise und Wechselkurse) basiert auf unsicheren Annahmen über die Zukunft. Mit solchen unsicheren Annahmen ist der Controller stets konfrontiert. Diese unsicheren Annahmen sind aber nichts anderes als Risiken für Planabweichungen – solche Informationen müssen in das RM einfließen. Die Erkenntnisse aus Abweichungsanalysen, die ein Controller durchführt, stellen teilweise neue Risiken (oder Chancen) dar und müssen dem RM ebenfalls zur Verfügung gestellt werden. Zusammengefasst gilt: Die Nutzung von Informationen, die aus originären Controlling-Aufgaben wie Planung und Budgetierung gewonnen werden, ist eine zentrale RM-Aufgabe.

Fazit: Was macht ein erfolgreiches Risikomanagement aus?

4

RM befasst sich mit der Zukunft, d. h. mit potenziellen Ereignissen, die heute noch nicht Realität sind. Auch ein modernes RM kann die Zukunft weder beeinflussen noch voraussagen. Aber es kann dabei helfen, mögliche erfolgskritische Szenarien zu antizipieren und das Unternehmen darauf vorzubereiten. Ein zentraler Nutzen von RM ist es hierbei, Entscheidungen zu verbessern bzw. deren Konsequenzen in einem RM-Modell sichtbar zu machen. Ändern sich die Schlüsselrisiken nach der Entscheidung? Hat die Entscheidung Auswirkungen auf den Gesamtrisikoumfang? Wie wird der Unternehmenswert dadurch beeinflusst? Wird der Risikoappetit nach der Entscheidung überschritten? Diese Fragen stehen in direktem Zusammenhang mit der wertorientierten Unternehmensführung: RM richtig verstanden wird so zum „Business Enabler", in dem es Räume für ausgewogene Risiko/Ertrags-Situationen schafft oder das Eingehen neuer Risiken mit Chancenpotenzial ermöglicht. Voraussetzung dazu ist eine konsequente quantitative Beurteilung der Top-Risiken anhand von Szenarien, insbesondere auch von Strategischen. Dazu braucht es keine grossen Datenmengen und komplexen stochastischen (Black-Box-) Modelle, sondern Expertenwissen, das oft sogar zuverlässiger ist als vergangenheitsorientierte Daten. Experten sind neben dem Risikomanager die Risikoeigner, die am nächsten zum Risiko stehen und oft am meisten darüber wissen. Der Dialog zwischen Risikomanager und Risikoeigner trägt wesentlich zur Akzeptanz von RM und damit zu einer positiven Risikokultur bei.

Die von der Unternehmensleitung gezeichnete Risikopolitik in beobachtbares Verhalten (Risikokultur) zu transferieren, ist ein schwieriger und zugleich erfolgskritischer Schritt. Dies bedingt ein konsequentes Vorleben und Kommunizieren der Wichtigkeit (Commitment) vom Management. Es müssen Anreize geschaffen werden, damit eine unternehmensweite Risikoidentifikation bzw.

© Springer Fachmedien Wiesbaden GmbH 2017
S. Hunziker und J.O. Meissner, *Risikomanagement in 10 Schritten,* essentials,
DOI 10.1007/978-3-658-15840-8_4

die Berichterstattung an entsprechende Stellen gefördert und nicht etwa verhindert wird. Es muss zum Selbstverständnis werden, dass alle Risikokategorien als gleichberechtigt im RM-Ansatz berücksichtigt werden und finanzielle Risiken in den meisten Industrieunternehmen nicht die wichtigste Risikokategorie sind. Wenn es ein Unternehmen zudem schafft, RM als strategisches Führungsinstrument zu positionieren und in den Strategieentwicklungs und -umsetzungsprozess zu integrieren, ist die Voraussetzung zur Wertgenerierung – und dadurch zum modernen RM –geschaffen.

Was Sie aus diesem *essential* mitnehmen können

- Sie verstehen, was modernes Risikomanagement ausmacht und wo die Unterschiede zum traditionellen Ansatz liegen.
- Sie erhalten einen Einblick in die Gemeinsamkeiten und Unterschiede von COSO ERM und ISO 31000 und deren Eignung zur Umsetzung von modernem Risikomanagement.
- Sie lernen erfolgsrelevante Aspekte und Aktivitäten kennen, damit der Schritt vom traditionellen zum modernen Risikomanagement gelingt.
- Sie können Ihr eigenes Risikomanagement am vorgestellten Reifegradmodell spiegeln und daraus Handlungsempfehlungen zur Optimierung ableiten.

© Springer Fachmedien Wiesbaden GmbH 2017
S. Hunziker und J.O. Meissner, *Risikomanagement in 10 Schritten,* essentials,
DOI 10.1007/978-3-658-15840-8

Literatur

ABB. (2015). Risikopolitik. Januar 2015. http://new.abb.com/ch/ueber-uns/nachhaltigkeit/ unternehmenspolitik/risikopolitik. Zugegriffen: 1. Sept. 2015.

Baecker, D. (1999). *Organisation als System*. Frankfurt a. M.: Suhrkamp.

Baecker, D. (2003). *Organisation und Management: Aufsätze*. Frankfurt a. M.: Suhrkamp.

Baecker, D. (2013). Systemic theories of communication. In P. Cobley & P. J. Schulz (Hrsg.), *Handbooks of communication science, Vol. 1: Theories and models of communication* (S. 85–100). Berlin: De Gruyter Mouton.

Beasley, M. S., Pagach, D., & Warr, R. (2008). The information conveyed in hiring announcements of senior executives overseeing enterprise-wide risk management processes. *Journal of Accounting, Auditing, and Finance, 23*(3), 311–332.

Blumer, H. (1973). Der methodologische Standort des symbolischen Interaktionismus. In Arbeitsgruppe Bielefelder Soziologen (Hrsg.), *Alltagswissen, Interaktion und gesellschaftliche Wirklichkeit* (Bd. 1, S. 80–101). Reinbek: Rowohlt.

Braun, H. (1984). *Risikomanagement: Eine spezifische Controllingaufgabe*. Darmstadt: Toeche-Mittler.

Brühwiler, B. (2007). *Risikomanagement als Führungsaufgabe* (2. Aufl.). Bern: Haupt.

Budescu, D. V., Broomell, S., & Por, H.-H. (2009). Improving communication of uncertainty in the reports of the intergovernmental panel on climate change. *Psychological Science, 20*(3), 299–308.

Cox, L. A. (2008). What's wrong with risk matrices? *Risk Analysis, 28*(2), 497–512.

DeLoach, J. (2012). COSO, ISO 31000 or another ERM Framework? http://corporatecompli anceinsights.com/coso-iso-31000-or-another-erm-framework/. Zugegriffen: 18. Juli 2016.

Denk, R., & Exner-Merkelt, K. (2005). *Corporate risk management*. Wien: Linde Verlag.

Diederichs, M. (2012). *Risikomanagement und Risikocontrolling* (3. Aufl.). München: Vahlen.

Economiesuisse. (2016). Swiss code of best practice for corporate governance. http://www. economiesuisse.ch/de/publikation/swiss-code-best-practice-corporate-governance-english. Zugegriffen: 1. Juli 2016.

Eidgenössisches Finanzdepartement EFD. (2004). Risikopolitik. Grundlagen für das Risikomanagement beim Bund. http://www.news.admin.ch/NSBSubscriber/message/attachments/57.pdf. Zugegriffen: 1. Juni 2015.

© Springer Fachmedien Wiesbaden GmbH 2017
S. Hunziker und J.O. Meissner, *Risikomanagement in 10 Schritten*, essentials,
DOI 10.1007/978-3-658-15840-8

Gleißner, W. (2004). Die Aggregation von Risiken im Kontext der Unternehmensplanung. *Zeitschrift für Controlling und Management, 48*(5), 350–359.

Gleißner, W. (2008). *Grundlagen des Risikomanagements im Unternehmen.* München: Vahlen.

Gleißner, W., & Kalwait, R. (2010). Integration von Risikomanagement und Controlling – Plädoyer für einen völlig neuen Umgang mit Planungsunsicherheit im Controlling. *Controller Magazin,* 4 Juli/August, 23–34.

Hampton, J. J. (2009). *Fundamentals of enterprise risk management.* New York: American Management Association.

Hirschi, B., Hürlimann, E., Toma, A., & Werren, K. (2011). *IKS – Das Interne Kontrollsystem. Verstehen, Einführen, Umsetzten.* Muri: Cosmos.

Hoitsch, H., & Winter, P. (2004). Die Cash Flow at Risk-Methode als Instrument eines integriert-holistischen Risikomanagements. *Zeitschrift für Controlling und Management, 48*(4), 235–246.

Hoyt, R. E., & Liebenberg, A. P. (2011). The value of enterprise risk management. *The Journal of Risk and Insurance, 78*(4), 795–822.

Hubbard, D. W. (2009). *The failure of risk management. Why it's broken and how to fix it.* New Jersey: Wiley.

Hunziker, S. (2014). *KTI-Projekt " Risikomanagement und Interne Kontrolle in Schweizer Gemeinden".* Luzern: Hochschule Luzern.

Hunziker, S. (2015). *Success of the internal control: An empirical analysis from a management perspective.* Dissertation, Universität St. Gallen, St. Gallen.

Hunziker, S., & Arnautovic, F. (2011). Risikomanagement – Nutzenpotenzial noch längst nicht ausgeschöpft. *KMU Magazin, 11,* 28–31.

Hunziker, S., & Rautenstrauch, T. (2011). *Internes Kontrollsystem – Perspektiven der Internen Kontrolle.* Zürich: WEKA Business Media AG.

Johnson, G. (1988). Rethinking incrementalism. *Strategic Management Journal, 9*(1), 75–91.

Jung, S., & Wimmer, R. (2014). Organisation als Differenz: Grundzüge eines systemtheoretischen Organisationsverständnisses. In R. Wimmer, J. O. Meissner, & P. Wolf (Hrsg.), *Praktische Organisationswissenschaft: Lehrbuch für Studium und Beruf* (2. Aufl., S. 97–113). Heidelberg: Carl-Auer.

KPMG. (2008). Understanding and articulating risk appetite. https://www.kpmg.com/CN/en/IssuesAndInsights/ArticlesPublications/Documents/Risk-appetite-O-200806.pdf. Zugegriffen: 26. Juli 2016.

Lam, J. (2001). The CRO is here to stay. *Risk Management, 48*(4), 16–20.

Luhmann, N. (1984). *Soziale Systeme. Grundriss einer allgemeinen Theorie.* Frankfurt a. M.: Suhrkamp.

Luhmann, N. (2000). *Organisation und Entscheidung.* Opladen: Westdeutscher Verlag.

Marks, N. (2012). Final results of COSO vs ISO risk management survey. https://normanmarks.wordpress.com/2012/05/11/final-results-of-coso-vs-iso-risk-management-survey/. Zugegriffen: 23. Juli 2016.

Meissner, J. O. (2016). Joint risk design in swiss middle-sized service companies: Frameworks and management practices. *Soziale Systeme, 20*(1), 1–34.

Meissner, J. O., Baumann, S., Hübscher, B., Renner, M., & Senn, P. (2013). Integrales Risiko Management zur ganzheitlichen Sicherung der Geschäftstätigkeit. Arbeitsbericht

001/2013 zum KTI-Forschungsprojekt 12113.1 PFES-ES. Institut für Betriebs- und Regionalökonomie IBR, Luzern. 16 Seiten.

Meissner, J. O., Tuckermann, H., & Gentile, G.-C. (2014). Kommunikation: Eine Hinführung zum Kommunikationsverständnis der Neueren Systemtheorie. In R. Wimmer, J. O. Meissner, & P. Wolf (Hrsg.), *Praktische Organisationswissenschaft. Lehrbuch für Studium und Beruf* (S. 192–216). Heidelberg: Carl-Auer Systeme.

Mercer Management Consulting. (2000). Risk event precipitating stock drop. https://www.casact.org/education/rcm/2002/handouts/wolf2.ppt. Zugegriffen: 03. Jan. 2016.

Merna, T., & Al-Thani, F. F. (2005). *Corporate risk management: An organizational perspective.* London: Wiley.

Miller, P., Kurunmäki, L., & O'Leary, T. (2008). Accounting, hybrids and the management of risk. *Accounting, Organizations and Society, 33*(7–8), 942–967.

Oerlikon. (2014). *Risikomanagement und Compliance.* https://www.oerlikon.com/ecomaXL/de/files/oerlikon_AR2013_DE_6_0.pdf&download=1. Zugegriffen: 01. Juli 2016.

PWC. (2008). Targeting Key Threats and Changing Expectations to Deliver Greater Value. https://www.pwc.com/us/en/internal-audit/assets/state_internal_audit_profession_study_08.pdf. Zugegriffen: 1. Juli 2016.

Rio Tinto. (2014). Risk Management Policy. June 2014. http://www.riotinto.com/documents/20140611_Risk_Policy.pdf. Zugegriffen: 1. März 2015.

RiskSpotlight. (2015). Similarities and differences between COSO ERM & ISO 31000. URL: http://riskspotlight.com/coso-iso31000. Zugegriffen: 23. Juli 2016.

Romeike, F. (2003). *Erfolgsfaktor Risiko-Management.* Wiesbaden: Gabler.

Romeike, F. (2005). Risikokategorien im Überblick. In F. Romeike (Hrsg.), *Modernes Risikomanagement: Die Markt-, Kredit- und operationellen Risiken zukunftsorientiert steuern* (S. 17–32). Weinheim: Wiley.

Romeike, F., & Finke, R. B. (2003). Glossar. In F. Romeike & R. B. Finke (Hrsg.), *Erfolgsfaktor Risiko-Management. Chancen für Industrie und Handel. Methoden, Beispiele, Checklisten* (1. Aufl., S. 467–491). Wiesbaden: Gabler.

Rüegg-Stürm, J., & Grand, S. (2015). *Das St. Galler Management-Modell. 2. vollständig überarbeitete und grundlegend weiterentwickelte Auflage.* Bern: Haupt.

Samad-Khan, A. (2005). Why COSO is flawed. *OperationalRisk, 05,* 1–6.

Schein, E. (1985). *Organizational culture and leadership: A dynamic view.* San Francisco: Jossey-Bass.

Segal, S. (2011). *Corporate value of enterprise risk managment.* New Jersey: Wiley.

Smit, H. T. J., & Trigeorgis, L. (2004). *Strategic Investment – Real Options and Games.* Princeton: Princeton University Press.

Strohmeier, G. (2006). *Ganzheitliches Risikomanagement in Industriebetrieben.* Dissertation, Montanuniversität Leoben, Leoben.

Vahs, D. (2015). *Organisation – Ein Lehr- und Managementbuch* (9. Aufl.). Stuttgart: Schäffer-Poeschel.

Willis. (2015). Risk Appetite Statement – Make or Break? http://www.willis.com/subsites/australia/Documents/Publications/services/BusinessRisk/W0477AU_ThThoug_Leadership_Article_Risk_Appetite_Statement_web.pdf. Zugegriffen: 27. Juli 2016.

Wimmer, R. (2012). Die neuere Systemtheorie und ihre Implikationen für das Verständnis von Organisation, Führung und Management. In J. Rüegg-Stürm & T. Bieger (Hrsg.),

Unternehmerisches Management. Herausforderungen und Perspektiven (S. 7–65). Bern: Haupt.

Wimmer, R., Meissner, J. O., & Wolf, P. (2014). *Praktische Organisationswissenschaft: Lehrbuch für Studium und Beruf.* Heidelberg: Carl-Auer Systeme.

Wolf., P. (2003). *Erfolgsmessung der Einführung von Wissensmanagement. Eine Evaluationsstudie im Projekt ,Knowledge Management' der Mercedes Benz Pkw-Entwicklung der DaimlerChrysler AG.* Münster: Monsenstein und Vannerdat.

Wolf, P., Meissner, J. O., & Wimmer, R. (2014). Weshalb system(theoret)ische Organisationswissenschaft? In R. Wimmer, J. O. Meissner, & P. Wolf (Hrsg.), *Praktische Organisationswissenschaft: Lehrbuch für Studium und Beruf* (S. 28–49). Heidelberg: Carl-Auer.